65 Jahre
Bundesrepublik
Deutschland
Eine Zeitreise in Bildern

Herausgeber: Peter Feierabend und Karsten Zang

65 Jahre
Bundesrepublik
Deutschland
Eine Zeitreise in Bildern

DUMONT

Inhalt

Vorwort

65 Jahre Bundesrepublik. Das klingt zunächst nicht weltbewegend – die Zeitspanne mag kurz sein, aber die Strecke, die das Land in diesen 65 Jahren zurückgelegt hat, ist enorm. Die Bundesrepublik von 1949 hat nichts mehr gemein mit der BRD von heute. Der Kontrast könnte kaum drastischer sein: Damals lagen die Städte in Trümmern, die Deutschen hatten die schlimmsten Verbrechen der jüngeren Menschheitsgeschichte zu verantworten. Das Land schien für immer diskreditiert, die Bevölkerung war geradezu verhasst bei den leidgeprüften europäischen Nachbarn. Und dann verlief auch noch die Trennlinie der Ideologien, der politischen Systeme, mitten durch Deutschland. Armut herrschte überall, Normalität oder gar Wohlstand schienen sehr weit entfernt. Doch dann kam der Kalte Krieg, aus Feinden wurden Freunde. Die Bundesrepublik genoss eine besondere Förderung und Protektion durch die USA, schließlich war die BRD ein „Frontstaat" an der Grenze der beiden großen Blöcke, die die Welt in ihre Einflusszonen aufteilten. Das Wirtschaftswunder, das in Windeseile aus dem Trümmerland ein Konsumparadies mit höchstem Lebensstandard machte, hatten die Deutschen natürlich ganz wesentlich dem großen „Bruder" USA zu verdanken.

Allen Unkenrufen zum Trotz ist es der Bundesrepublik gelungen, sich als liberale, pluralistische Demokratie dauerhaft zu etablieren. 1989 geschah dann ein neues Wunder, als die untergehende UdSSR ihren Vasallenstaat DDR in die Freiheit entließ. Eine friedliche Bürgerrevolution erkämpfte in der DDR Wahl- und Bewegungsfreiheit, die Abdankung der SED-Herrscher war das Resultat. Helmut Kohl erkannte die einmalige historische Chance und trieb die schnelle Wiedervereinigung energisch voran, nicht ohne erhebliche Widerstände in Ost wie West. Ernüchterung folgte bald auf die Euphorie, vor den „neuen Bundesländern" lag eine lange wirtschaftliche Durststrecke. Der Graben zwischen Ost und West war noch lange zu spüren. Und doch – jüngere Generationen, die die Mauer und den Kalten Krieg nur aus dem Geschichtsunterricht kennen, denken längst nicht mehr in den alten Ost-West-Kategorien. Die deutsche Teilung wird Geschichte.

Heute ist die Bundesrepublik die viertgrößte Volkswirtschaft der Welt, reich an materiellen Gütern und an Kultur, eine vielgerühmte „Lokomotive Europas". Das Deutschland von 2013 ist geachtet, bewundert und sogar beliebt, wie eine jüngst veröffentlichte, weltweite Umfrage der BBC ergab. Deutschland als beliebtestes Land der Erde? Das hätten die Deutschen von 1949 wohl selbst in ihren kühnsten Träumen nicht für möglich gehalten.

2014 wird die Bundesrepublik 65 Jahre alt, Grund genug für eine kurzweilige Rückschau. „65 Jahre Bundesrepublik Deutschland – Eine Zeitreise in Bildern" lässt die wichtigsten Stationen aus diesen 65 Jahren Revue passieren, ruft Vergessenes in Erinnerung und erinnert an einige der wichtigen Errungenschaften der BRD. Unser Streifzug durch die Geschichte ist notwendigerweise knapp und erhebt an keiner Stelle Anspruch auf Vollständigkeit, schließlich ist die Auswahl immer auch eine subjektive. Mit Sicherheit werden Sie vieles vermissen, aber dafür hoffentlich auch einiges wieder- oder neu entdecken.

Viel Vergnügen bei unserer Zeitreise in Bildern.

Peter Feierabend, Karsten Zang
(Herausgeber)

Mit Feuerwerk, Deutschland-fahnen und Volksfesttrubel feiern die Menschen vor dem Berliner Reichstag in der Nacht zum 3. Oktober 1990 die deutsche Wiedervereinigung.

Phönix aus der Asche

🔍 Köln (Kölner Dom)

Neben Hamburg war die Rheinmetropole Köln die am schwersten zerstörte Großstadt Deutschlands. Der Dom, selbst schwer getroffen, ragte 1945 aus einem gigantischen Trümmermeer hervor. 90 % der Innenstadt waren vernichtet und es sollte rund 15 Jahre dauern, bis die Einwohnerzahl Kölns wieder das Vorkriegsniveau erreichte.

🔍 Dresden (Frauenkirche)

Die Barockstadt war im Zweiten Weltkrieg lange von größeren Zerstörungen verschont geblieben, doch im Februar 1945 ereilte auch die sächsische Hauptstadt das Schicksal der meisten deutschen Großstädte. In der Endphase des Krieges ging die historische Stadtlandschaft Dresdens unter. Erst 1994 begann der Wiederaufbau der zerstörten Frauenkirche, der 2005 abgeschlossen war.

Hamburg (Michaeliskirche)

„Operation Gomorrha" war der Tarnname der alliierten Angriffe auf Hamburg, und er war passend gewählt. Die zweitgrößte Stadt glich 1945 einer Trümmerwüste. Große Teile der alten Hansestadt waren durch Bomben und Feuersturm ausgelöscht, zehntausende Bewohner waren umgekommen. In der Nachkriegszeit erholte sich die Hafenstadt erstaunlich schnell wieder; aufgrund der deutschen Teilung avancierte sie sogar zum Presse- und Medienzentrum der Bundesrepublik.

München (Rathaus)

Die bayrische Residenzstadt hat sich ihr historisches Erscheinungsbild erfolgreicher bewahrt als manche andere deutsche Großstadt, obwohl auch Münchens Altstadt nach Kriegsende zu 90 % in Trümmern lag. In der Nachkriegszeit wurde der Rekonstruktion wichtiger Gebäude ein hoher Stellenwert eingeräumt. Heute ist die drittgrößte Stadt Deutschlands ein florierendes Wirtschaftszentrum und wird oft für die hohe Lebensqualität gerühmt.

Die Stunde null

Zwischen 1945 und 1948 blühte der Schwarzmarkt. Hier wurden nicht selten Schmuck und Kunstwerke gegen Grundnahrungsmittel eingetauscht.

7. Mai 1945: Generaloberst Alfred Jodl, Stabschef im Oberkommando der Wehrmacht, unterzeichnet im US-Hauptquartier in Reims die bedingungslose Kapitulation der Wehrmacht; sie tritt am folgenden Tag in Kraft. Der Zweite Weltkrieg ist damit für Deutschland zu Ende.

Der „Totale Krieg", den das Dritte Reich entfacht hatte, war mit voller Wucht über Deutschland hinweggefegt, er hinterließ eine Trümmerlandschaft sagenhaften Ausmaßes. Rund 6 Millionen Deutsche (die Schätzungen schwanken) waren im Krieg umgekommen, damit hatte das Land etwa 8 % seiner Bewohner verloren. Nahezu alle größeren Städte waren zerstört, die Industrie stark geschwächt. Aber noch schwerer wog langfristig die moralische Katastrophe. Wie sollte ein Land weitermachen, das den industriellen Massenmord über Europa gebracht hatte? Doch für den einzelnen Deutschen zählte im Sommer 1945 eine ganz andere Frage: Wie sollte man überleben? Vor allem in den Städten war die Infrastruktur zerstört, die Versorgung mit Wasser und Nahrung zum Erliegen gekommen. Schlimmer noch, aus den Ostgebieten waren Millionen Flüchtlinge nach Westdeutschland geströmt, die sogenannten Heimatvertriebenen (bis 1947 waren es rund 6 Millionen in Westdeutschland). Dazu kamen geschätzte 7 Millionen „Displaced Persons", hauptsächlich vom Dritten Reich verschleppte ehemalige Zwangsarbeiter, KZ-Überlebende und ausländische Angehörige der Wehrmacht. An Chaos, Hungersnot oder Seuchen war natürlich auch den alliierten Besatzern nicht gelegen, deshalb begannen sie sehr schnell und sehr effektiv, das Leben im Nachkriegsdeutschland neu zu organisieren – zuerst die Grundversorgung, dann die Verwaltung.

Verdrängung

Viele Deutsche betrachteten sich nach Kriegsende als Opfer und brachten nur wenig Verständnis auf für das Leiden der ehemaligen Zwangsarbeiter und Lagerinsassen, die das Dritte Reich überlebt hatten. Die eigenen Nöte erschienen vielen wichtiger; ihre Mitverantwortung für Krieg und Verbrechen verdrängten die meisten.

Schwarzmarkt

Von 1945 bis 1948 blühte der Schwarzmarkt. Weil Nahrungsmittel nur über extrem knapp kalkulierte Lebensmittelmarken zu kaufen waren, versetzten viele Menschen ihr Hab und Gut im Tausch gegen zusätzliches Brot, Kartoffeln, Fleisch, Zigaretten. Erst die Währungsreform setzte dem illegalen Treiben im Juni 1948 ein Ende. Nun füllten sich die Auslagen der Geschäfte schlagartig wieder mit Waren, die jedermann frei kaufen konnte.

Kriegsgefangene

Für viele Deutsche Familien begann das bange Warten: Würden ihre Väter, Ehemänner, Brüder, Söhne aus dem Krieg zurückkehren? Rund 11 Millionen deutscher Soldaten befanden sich 1945 in Kriegsgefangenschaft, darunter 3 Millionen in der UdSSR. Während die westlichen Alliierten ihre Gefangenen recht schnell wieder freiließen,

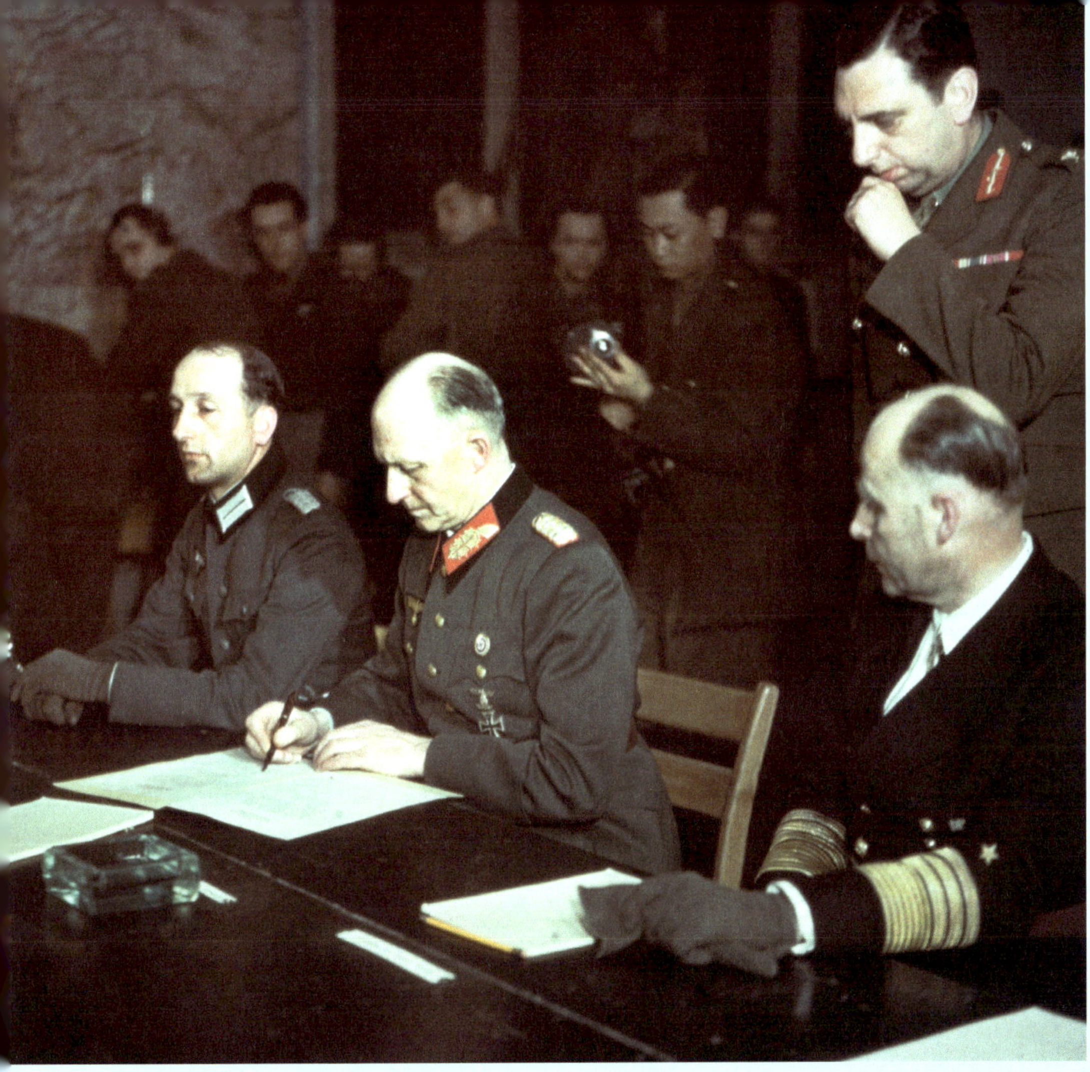

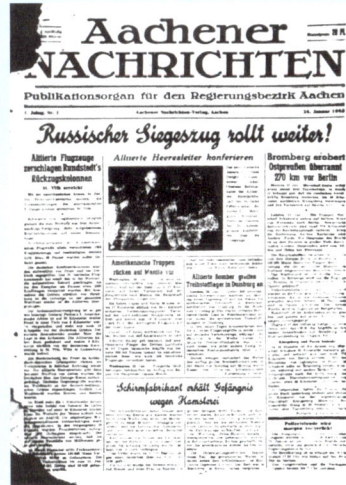

Generaloberst Jodl unterzeichnet in Reims die bedingungslose Kapitulation der Wehrmacht.

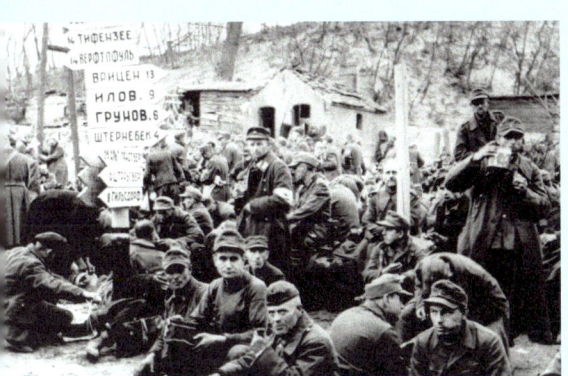

Deutsche Kriegsgefangene auf einem Sammelplatz, Mai 1945.

kehrten die letzten überlebenden Kriegsgefangenen aus der Sowjetunion erst 1956 in die Heimat zurück.

Pluralismus und relative Meinungsfreiheit in den Medien

Nach Kriegsende schlossen die Alliierten nahezu alle deutschen Medien. Journalisten, die nach 1933 gearbeitet hatten, erhielten zunächst Berufsverbot. Ziel war es, möglichst schnell jeden nationalsozialistischen Einfluss zu unterbinden. Nun galt es, die Bevölkerung, die 12 Jahre lang der NS-Propaganda ausgesetzt war, zu einer tolerant-demokratischen Weltanschauung umzuerziehen. Schon bald wurden neue deutsche Zeitungen gegründet: Bereits im Januar 1945, also noch vor Kriegsende, entstanden im befreiten Aachen die „Aachener Nachrichten", am 1. August 1945 erschien die erste Ausgabe der „Frankfurter Rundschau". 1946 folgten der Axel-Springer-Verlag und die Wochenzeitung „Die Zeit", 1947 wurde das Magazin „Der Spiegel" gegründet. Alle Medien im besetzten Deutschland waren allerdings der Zensur durch die Alliierten unterworfen.

Aachener NACHRICHTEN

Publikationsorgan für den Regierungsbezirk Aachen

Russischer Siegeszug rollt weiter!

Alliierte Flugzeuge zerschlagen Rundstedt's Rückzugskolonnen

Alliierte Heeresleiter konferieren

Bromberg erobert Ostpreußen überrannt 270 km vor Berlin

Amerikanische Truppen rücken auf Manila vor

Alliierte Bomber greifen Treibstofflager in Duisburg an

Schirmfabrikant erhält Gefängnis wegen Hamsterei

Frankfurter Rundschau

Absolute Mehrheit der Arbeiterpartei Attlee – der neue Premierminister

Unsterbliche Opfer ...

Ehrenvolle Begrüßung

Zählung der Stimmen

Der Eindruck in England

Ueberwältigende Mehrheit

Der Krieg gegen Japan

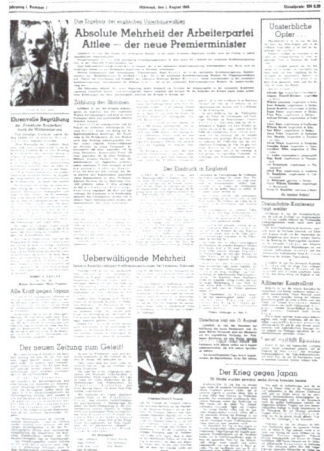

Nach 12 Jahren Diktatur und permanenter Staatspropaganda hatten die Menschen regelrecht Hunger auf freie Zeitungen, die sie objektiv und sachlich informierten. Die neuen Medien unterlagen allerdings einer strengen Überprüfung und oft auch Zensur durch die Alliierten.

Der schnelle Aufstieg der BRD

Der Marshallplan

Der Wiederaufbau Westeuropas wurde von den USA mit der gigantischen Summe von rund 13 Milliarden US-Dollar unterstützt. Westdeutschland profitierte davon in erheblichem Maße – etwa 1,4 Milliarden Dollar Unterstützung gewährten die Amerikaner dem ehemaligen Hauptfeind und Kriegstreiber. Das Ziel war die schnellstmögliche wirtschaftliche Gesundung der westeuropäischen Demokratien. Der Namensgeber und Initiator, der damalige US-Außenminister George C. Marshall, wurde dafür 1953 mit dem Friedensnobelpreis geehrt.

Die Währungsreform

Nachdem lange Verhandlungen über eine Währungsreform im Alliierten Kontrollrat am Widerstand der Sowjets gescheitert waren, führten die Westalliierten in ihren Besatzungszonen am 21. Juni 1948 die neue Währung ein. Nun ersetzte die D-Mark die alte Reichsmark. Wenige Tage später führten die Sowjets ihrerseits eine neue Währung in der sowjetischen Zone ein, womit sich bereits eine dauerhafte Spaltung des Landes abzeichnete.

Fünf Deutsche Mark 1948 (Coupon-Mark, aufgeklebt auf fünf Reichsmark von 1942).

Die Berliner Luftbrücke

Erzürnt über die Einführung der D-Mark in den Berliner Westsektoren, reagierten die Sowjets mit einer Blockade aller Zufahrtswege Westberlins. Auch die Versorgung mit Fernstrom wurde gekappt – nur drei Luftkorridore blieben offen. Zwischen Juni 1948 und Mai 1949 konnte Westberlin deshalb nur über den Luftweg versorgt werden. Die sogenannten Rosinenbomber der Westalliier-

🔍 Gleichberechtigung im Grundgesetz verankert

Dem Parlamentarischen Rat gehörten auch vier Politikerinnen an. Zwei von ihnen – die SPD-Abgeordneten Friederike Nadig und Elisabeth Selbert – setzten gegen erheblichen Widerstand durch, dass die Gleichberechtigung der Geschlechter auch in der neuen Verfassung verankert wurde. Mit der gesellschaftlichen Umsetzung haperte es freilich noch für Jahrzehnte.

ten brachten in rund 277.000 Flügen Lebensmittel, Kohle, Benzin, Medikamente und andere lebenswichtige Dinge in die abgeriegelte Stadt. Damit signalisierten Amerikaner, Briten und Franzosen den Sowjets, dass sie nicht bereit waren, ihnen Westberlin zu überlassen.

Die Trümmerfrauen

Die Stunde null war auch die Stunde der Frauen. Die Städte lagen in Trümmern, viele Männer waren gefallen oder in Kriegsgefangenschaft – nun war es an den deutschen Frauen, aufzuräumen. Gigantische Schuttberge häuften sich in den ausgebombten Innenstädten, etwa vier Millionen Wohnungen waren zerstört. In dieser Situation verpflichteten die Alliierten Frauen zwischen 15 und 50 zur Arbeit, die meist im Abräumen der Ruinen bestand, wobei Bauschutt von wiederverwendbaren Ziegelsteinen getrennt werden musste. Viele Frauen bewältigten diese körperliche Arbeit zusätzlich zu ihren eigentlichen Tätigkeiten und zur Versorgung ihrer Kinder. Sie erhielten 70 Pfennig pro Stunde und erhöhte Lebensmittelrationen. Nachdem die Ruinenlandschaften abgebaut und die Männer zurückgekehrt waren, wurden die Frauen allmählich wieder ins Private zurückgedrängt. Der Mythos der Trümmerfrau allerdings war der Nachkriegsgesellschaft noch lange nützlich, weil er in der Zeit der Vergangenheitsverdrängung den Deutschen ein positives, schuldfreies Identifikationsbild bot.

Die politische Wiedergeburt

Schon ein Jahr nach Kriegsende fanden die ersten freien Wahlen in den nach 1945 sukzessive gegründeten Ländern (später: Bundesländer) statt. 1948 trat schließlich der Parlamentarische Rat zusammen. Ihm gehörten 65 stimmberechtigte Abgeordnete der elf westdeutschen Länder und fünf nicht stimmberechtigte Westberliner Abgeordnete an. Der Rat bestand aus Abgeordneten von CDU/CSU, SPD, FDP/LDP/DVP, KPD, der Deutschen Partei und der Zentrumspartei, sein Präsident war Konrad Adenauer. Am 8. Mai 1949 verabschiedete der Parlamentarische Rat das Grundgesetz, die Verfassung des neuen westdeutschen Staates, der somit begründet war.

Während der sowjetischen Blockade Westberlins versorgten die „Rosinenbomber" der Alliierten die Millionenstadt mit dem Nötigsten.

Heimatfilm-Idylle und Biedermeier

Adenauerzeit

1949, vier Jahre nach dem Ende des Zweiten Weltkriegs, wurde Konrad Adenauer zum ersten Bundeskanzler der Bundesrepublik Deutschland gewählt. Erklärtes Ziel des damals 73-jährigen CDU-Politikers war die Neuordnung von Wirtschaft und Gesellschaft. Während bereits erste positive Auswirkungen der Währungsreform an den Aktienmärkten sichtbar wurden, spürte die Mehrheit der Bevölkerung vom Aufschwung noch nichts. Im Gegenteil: Nach der Umstellung auf die Deutsche Mark war die Arbeitslosigkeit sprunghaft gestiegen – auch die 60 DM „Kopfgeld" waren angesichts des großen Mangels und Nachholbedarfs schnell verbraucht.

Zeit der Verunsicherung

Noch fehlte es vielen am Nötigsten, vor allem an Wohnraum. 1949 wurde für die BRD ein Bedarf von fünf bis sechs Millionen Wohnungen ermittelt. Tausende ausgebombte Städter waren in Privathaushalten umliegender Dörfer oder in provisorischen Notunterkünften untergebracht worden. Auch die bis 1950 über 9 Millionen Menschen aus den ehemaligen deutschen Ostgebieten brauchten eine Bleibe. Der Krieg und seine Schrecken hatten Männer, Frauen und Kinder in ihrem Alltags- und Familienleben nachhaltig erschüttert. Die Sehnsucht nach verlässlichen Werten, Halt und Sicherheit war groß.

Träume statt Trauma

Nicht zufällig war die Heimatfilmproduktion ab 1949 in der jungen Bundesrepublik sprunghaft gestiegen. Im folgenden Jahrzehnt flutete eine Heimatfilmwelle die deutschen Gemüter mit Bildern und Geschichten von heiler Welt, Naturidylle und Schicksalshaftigkeit, vom Streben nach Liebe, Schönheit und einfachem Glück. Der deutsche Heimatfilm mit seinen Scheinproblemen und rückwärtsgewandtem Blick half den Menschen, die Gräuel der vergangenen Jahre wenigstens für eine Filmlänge zu vergessen. Als 1950 „Schwarzwaldmädel", der erste bundesdeutsche Nachkriegs- und Farbfilm, in die Lichtspielhäuser kam, brach er alle Rekorde. Allein 1950/51 liebten und litten 16 Millionen Zuschauer mit Bärbele und Hans, gespielt von Sonja Ziemann und dem damals fast doppelt so alten Rudolf Prack. Sie galten lange als Traumpaar des deutschen Films.

Renaissance des Biedermeier

Die Verbindung aus dynamischer Modernisierung und Rückbesinnung auf alte Werte machte die Gründerjahre zu einer widersprüchlichen Zeit. Während das Grundgesetz der Bundesrepublik von 1949 bereits in Artikel 3 die Gleichberechtigung von Mann und Frau festschrieb, fand diese im bürgerlichen Recht fast zehn

Jahre lang keinen Niederschlag. Erst 1958 wurde das Gleichberechtigungsgesetz verabschiedet. Adenauers Gesellschaftspolitik war ein Rückgriff auf das christlich-abendländische Werteverständnis des 19. Jahrhunderts. Die intakte Kleinfamilie, in der der Vater zur Arbeit geht und Geld verdient, während die Mutter zu Hause für das Wohl der Familie sorgt, wurde so fast 100 Jahre später wieder zum Ideal – wenngleich oder gerade weil die Realität damals anders aussah: Es gab viele vaterlose und verwaiste Kinder, verwitwete Frauen, invalide Männer, zerbrochene Ehen.

Neues Wohnen

Mit der nun auch im Alltag spürbaren ökonomischen Verbesserung ging man im gesamten öffentlichen Leben erstaunlich schnell zur Normalität über. Bis 1956 waren zwei Millionen durchschnittlich 50 qm große Wohneinheiten im Sozialwohnungsbau entstanden. In der Folgezeit setzte Adenauers Wohnungsbaupolitik auf die Eigentumsförderung und den Bau von Ein- und Zweifamilienhäusern. Einrichtung und Ausstattung bekamen im Laufe der 50er-Jahre nicht nur eine ideelle, sondern auch eine wirtschaftliche Bedeutung. Die Frauen als Instanz innerhäuslicher Belange spielten dabei eine wichtige Rolle. Fast jede „Reklame" für elektronische Haushaltsgeräte, Bekleidung, Nahrungsmittel, Hygieneartikel sowie Zeitschriften und Bücher zielte direkt oder indirekt auf diese Gruppe der eigentlichen Kaufentscheider.

Eine typische Einbauküche mit Gasherd und Gasboiler für die Warmwasserversorgung (1958).

Schwarzwaldmädel (1950)

Den Maler Hans Hauser (Rudolf Prack) zieht es in den Schwarzwald. Der Grund ist die schöne Bärbele (Sonja Ziemann).

Zeittypische Reklame für Kondensmilch (1954) und ein Feinwaschmittel (1958).

Abrechnen oder vergessen?

Schon 1945 steht in den Nürnberger Prozessen die erste Reihe der NS-Machthaber vor Gericht, prominente Nazis wie Hermann Göring, Rudolf Hess und Joachim von Ribbentrop werden als Hauptkriegsverbrecher zum Tode verurteilt. Weitere Prozesse vor dem Militärgerichtshof erfassen auch Staatsbeamte aus der Verwaltung sowie Industrielle wie Alfried Krupp von Bohlen und Halbach, viele erhalten Haftstrafen. Gleichzeitig muss sich die erwachsene Bevölkerung in den Westzonen, der späteren BRD, dem Prozess der Entnazifizierung unterziehen: Bis 1949 füllen 2,5 Millionen Deutsche die Fragebögen aus und erhalten nach Prüfung durch alliierte Behörden den „Persilschein" – oder werden als belastet interniert. Die Mehrheit gilt als Mitläufer, ein Drittel der Verfahren wird eingestellt. Doch genauere Prüfungen sind nicht möglich,

auch viele „Mitläufer" waren überzeugte Nazis. Auch nach 1949 findet eine echte Aufarbeitung kaum statt. Es herrscht die Ansicht, die Schuldigen seien in Nürnberg verurteilt und bestraft worden. Doch sogar verurteilte Täter kommen in den 50er-Jahren vorzeitig frei und machen Karriere in Industrie, Politik, Militär oder Verwaltung – dem Kalten Krieg sei Dank. Der Aufbau eines funktionsfähigen westdeutschen Staates hat Priorität, auch für die amerikanischen Besatzer. Bundeswehr und BND werden von Offizieren aus Wehrmacht, Gestapo und SS mitorganisiert.

Das Ende des kollektiven Schweigens in den 60er-Jahren

In den 60er-Jahren aber holt die Geschichte des Dritten Reichs die Deutschen ein. Dazu trägt nicht nur die Debatte um Rolf Hochhuths Drama „Der Stellvertreter" bei, das 1963 die Frage nach Mitverantwortung der Kirche am Holocaust stellt. Vor allem sind es die großen NS-Prozesse. Den Auftakt bildet der Ulmer Einsatzgruppenprozess (1958) zum Massenmord an Juden im Baltikum; es fol-

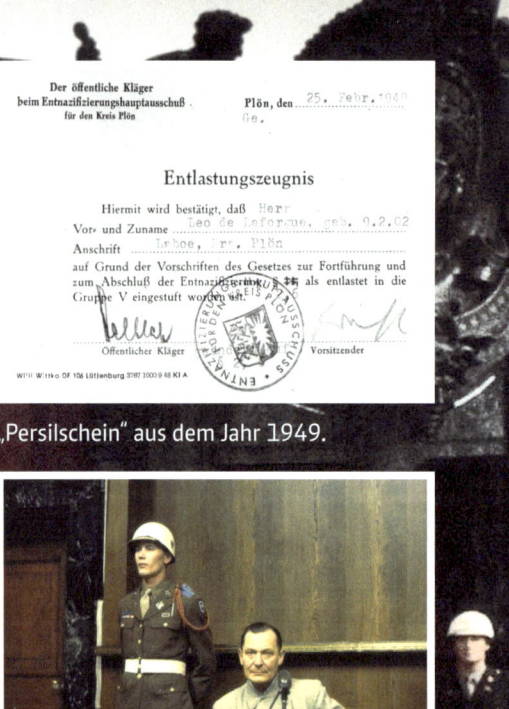

„Persilschein" aus dem Jahr 1949.

Hermann Göring im Zeugenstand.

gen die Frankfurter Auschwitzprozesse, die wie der Jerusalemer Eichmann-Prozess (1961) großes mediales Echo finden. Erstmals wird deutlich: Täter waren nicht „die Nazis", sondern Deutsche. Doch auch Druck aus Ostberlin sorgt für Auseinandersetzung mit der NS-Zeit: Anfang der 60er-Jahre inszeniert die DDR öffentlichkeitswirksame Strafprozesse gegen westdeutsche Politiker-Prominenz mit NS-Vergangenheit, darunter Adenauers Vertraute im Kanzleramt, Hans Globke, der sich im Dritten Reich als Kommentator der NS-Rassengesetze hervortat. In der DDR wird er verurteilt, in der BRD erhält er 1963 das Bundesverdienstkreuz. Im eigenen Staat prangern die 68er die Kontinuität der Funktionseliten im großen Stil an.

Der Historikerstreit:
Versuch des Revisionismus
Am 8. Mai 1985 würdigt Bundespräsident Richard von Weizsäcker den Tag des Kriegsendes erstmals als „Tag der Befreiung". Doch Kanzler Kohl setzt noch im gleichen Jahr ganz andere Akzente: Zusammen mit US-Präsident Reagan besucht er einen Soldatenfriedhof in Bitburg, auf dem auch Waffen-SS-Angehörige liegen. Ein Jahr später erscheinen zwei Bücher von konservativen Historikern, die den öffentlich ausgetragenen „Historikerstreit" auslösen. Im Zentrum der Debatte stehen die Thesen Ernst Noltes und sein Wunsch nach einem Perspektivenwechsel in der Geschichtswissenschaft. NS-Verbrechen und Vernichtungskrieg sollte man nicht automatisch verurteilen, sondern als Reaktion auf erwartbare Gräuel der Sowjets betrachten. Eine solche Relativierung der NS-Verbrechen weisen linksliberale Intellektuelle und Historiker, allen voran der Soziologe Jürgen Habermas, scharf zurück.

Wehrmachtsausstellung und „willige Vollstrecker"
Die Wanderausstellung „Vernichtungskrieg" des Hamburger Instituts für Sozialforschung räumt ab 1995 mit dem oft wiederholten, doch von Historikern längst widerlegten Mythos von der „sauberen" Wehrmacht auf. Sie zeigt, dass Einheiten und Angehörige der deutschen Armee regelmäßig und anleitend an Kriegsverbrechen und am Holocaust beteiligt waren. Die öffentliche Debatte über ganz normale Deutsche als Täter wird weiter befeuert durch die provokante These des US-Politologen Daniel Goldhagen von den Deutschen als „Hitlers willige Vollstrecker" (1996). Zuletzt stellte sich 2006 durch Günter Grass' spätes Eingeständnis seiner Mitgliedschaft in der Waffen-SS die Frage, inwieweit Zugehörigkeit zu einer verbrecherischen NS-Organisation automatisch mit Täterschaft gleichzusetzen ist.

Helmut Kohl besucht mit dem US-Präsidenten Ronald Reagan den Soldatenfriedhof in Bitburg.

Die Wanderausstellung „Vernichtungskrieg" klärt auf über die Beteiligung der Wehrmacht an Kriegsverbrechen.

Blick in den Gerichtssaal der Nürnberger Prozesse während einer Verhandlung 1946. Links die Anklagebank.

Wirtschaftswunder

Zum geflügelten Wort wurde der Begriff „Wirtschaftswunder" ab 1955, dem wachstumsstärksten Jahr der deutschen Geschichte. Er umschreibt den unerwartet schnellen wirtschaftlichen Aufschwung der Bundesrepublik nach dem Zweiten Weltkrieg, der sich fast zeitgleich auch in anderen europäischen Ländern vollzogen hatte. Auch wenn Ökonomen heute – ähnlich wie Ludwig Erhard damals – Abstand von der Bezeichnung „Wunder" nehmen, so empfanden die meisten Menschen, nach Jahren der Entbehrung und existenziellen Not den neuen Wohlstand doch als einen solchen.

20. Juni 1958: Konrad Adenauer und Ludwig Erhard feiern 10 Jahre „Wirtschaftswunder".

Reklame für das „Reisesuper"-Radio von Grundig.

Wiedererstarktes Selbstbewusstsein

Die erfolgreiche Politik des Wirtschaftsministers Ludwig Erhard, die Einführung der sozialen Marktwirtschaft, Währungsreform und Marshall-Plan, aber auch Wissen und Tatkraft der vielen am Wiederaufbau beteiligten Menschen sowie eine weit weniger zerstörte Industrie als angenommen – das waren wichtige Voraussetzungen für den schnellen Aufstieg der BRD aus den Trümmern zu einer führenden Industrienation.

Die Bürger lebten in einer neuen Staatsform, mit neuer Währung und neuen Verbündeten, sie hatten Aufgaben und Ziele und schwelgten in der neuen Freiheit des Konsums. Doch längst nicht alle profitierten vom allgemeinen Aufschwung – die Währungsreform hatte auch ungerechte Seiten: Die Reichsmark der Sparer war mit der Einführung der D-Mark wertlos geworden, während Kapital in Form von Maschinen, Fabriken und Häusern auch nach der Reform erhalten blieb.

Aufschwung in Wellen

Steigende Einkommen stillten nach und nach die angestauten Bedürfnisse und weckten bald neue. Sich nach den Hungerjahren endlich richtig satt zu essen, stand ganz oben auf der Liste. Südfrüchte wurden zum neuen Luxus. Bis Mitte der 50er-Jahre war auch der Grundbedarf an Kleidung gedeckt. Viele Luxusgüter, die früher kaum bezahlbar gewesen waren, wurden allmählich zu Gebrauchsgütern – dank Ratenzahlung waren Kühlschrank und Waschmaschine bald auch für Normalverdiener erschwinglich. Käufer wurden zu umworbenen Kunden, denn längst war der Konsum zum Motor der Volkswirtschaft geworden.

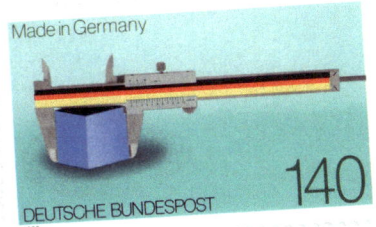

Auch 1988 wird noch an prominenter Stelle mit „Made in Germany" geworben.

Made in Germany

Auf dem Weltmarkt stieg die Nachfrage nach deutschen Waren kräftig an. Die deutsche Industrie lieferte, was die Welt brauchte: Maschinen, Anlagen, Autos. Bereits 1952 exportierte die BRD mehr als sie einführte. Vielen mittelständischen Unternehmen gelang mit dem Wirtschaftswunder der internationale Durchbruch. Nachkriegsgründer wie Adolf Dassler (Adidas), Otto Beisheim (Metro) oder Heinz-Horst Deichmann starteten damals ihre sagenhaften Karrieren. Pioniere wie Schraubenhändler Reinhold Würth, Spreizdübel-Erfinder Artur Fischer und Tüftler Max Grundig eroberten mit ihren Produkten den Weltmarkt.

Mobilität und Reisen

Steigende Löhne und stabiles Preisniveau ließen auch Laune und Kaufkraft der Menschen steigen. „Wohlstand für Alle" – so der Titel von Ludwig Erhards 1957 erschienenem Buch – kam nun auch bei Arbeitern und Angestellten an. Zwischen 1950 und 1960 verdoppelten sich ihre Einkommen, die der Unternehmer verdreifachten sich. Nach Fresswelle, Bekleidungs- und Einrichtungswelle träumten die Deutschen jetzt vom Reisen. Die Lockerung der Grenzbestimmungen und die zunehmende Massenmotorisierung führten in den 60er-Jahren zu einer Reisewelle. Auf der Wunschliste ganz oben stand Italien: Gardasee, Venedig, Rom und die Adria waren die Traumziele der Deutschen. Camping galt als frei und individuell, aber auch aus Kostengründen waren Zelturlaube äußerst beliebt. 1963 bot ein Katalogversandhandel erstmals günstige Flugreisen an. Im ersten Jahr gingen rund 18.000 Buchungen ein, im zweiten knapp doppelt so viele. Der Werbeslogan „Neckermann macht's möglich" wurde zum Synonym für deutschen Massentourismus.

🔍 Highlights 1955

- ▶ BRD erhält Souveränität zurück
- ▶ wird Mitglied der NATO
- ▶ im August geht der millionste VW-Käfer in Wolfsburg vom Band (oben)
- ▶ BMW bringt Isetta auf den Markt und rettet sich vor der Insolvenz
- ▶ „Du und Deine Welt" – Haushaltsmesse in Hamburg
- ▶ erstmals offizielle Anwerbung von Gastarbeitern

Die Auto-Nation

Die Automobilindustrie ist seit jeher diejenige Branche, die das deutsche „Wirtschaftswunder" im In- und Ausland am deutlichsten repräsentiert. Autos „Made in Germany" sind ein Exportschlager und gelten weltweit als Beweis deutscher Ingenieurskunst und Qualitätsarbeit. Für die meisten Bundesbürger ist der eigene PKW – im Idealfall natürlich aus heimischer Produktion – Statussymbol und Beweis des eigenen wirtschaftlichen Erfolgs. Neben einigen kleineren Herstellern wie Borgward oder Messerschmidt, die später ihre Produktion einstellten, dominierten wenige Konzerne den Markt.

Volkswagen

Mit dem VW Käfer produzierte Volkswagen das Symbol des wirtschaftlichen Aufschwungs der Bundesrepublik schlechthin. Der Käfer war sowohl ein Exportschlager als auch für immer mehr Bundesbürger, die sich den preisgünstigen Wagen leisten konnten, ein Zeichen, dass es aufwärtsging. Später stellte die Volkswagen AG eine breitere Palette von PKW-Modellen her und wurde durch den Zukauf weiterer Marken wie Skoda und Seat zu einem der weltgrößten Automobilproduzenten. Selbst im Segment der Luxuswagen ist Volkswagen heute mit den Marken Lamborghini, Bentley und Bugatti vertreten.

Der VW Golf in der
Wolfburger „Autostadt".

Audi

Die Auto Union GmbH, aus der Audi hervorging, gehörte ab 1958 zur Daimler-Benz AG und wurde Mitte der 60er-Jahre von Volkswagen übernommen. Innerhalb der Volkswagen-Gruppe sollte Audi das sportliche Segment abdecken und stellt heute PKW vom Kleinwagen über Sportwagen bis zur Oberklasse her.

Der Rallyefahrer Walter Röhrl im Audi
Quattro bei der Rallye Monte Carlo, 1984.

Porsche

1930 gründete Ferdinand Porsche ein Konstruktionsbüro, das hauptsächlich für andere Autoproduzenten tätig war und u. a. den VW Käfer entwarf. Sein Sohn Ferry Porsche entwickelte und produzierte nach dem Zweiten Weltkrieg den ersten Sportwagen der Marke Porsche, der aber nur in einer Kleinstserie hergestellt wurde. Darauf aufbauend führte Ferry Porsche das Unter-

Der Porsche 356A bei den
Le Mans Classics, 1954.
Rechts: Der Porsche 911 von 1964.

nehmen zur heute weltweit bekannten Sportwagenschmiede und einem äußerst profitablen Unternehmen. Ab 2005 versuchte Porsche, die Mehrheit des Volkswagenkonzerns zu übernehmen. Dieser Versuch scheiterte und führte im Gegenteil dazu, dass VW Porsche 2012 komplett übernahm.

Daimler-Benz

Daimler-Benz galt in den Anfangsjahren der Bundesrepublik mit seinen Mercedes-Modellen als der Hersteller von Luxuswagen. Im Volksmund wurden die Wagen „Staatskarossen" genannt, da neben Bundeskanzler Adenauer eine Vielzahl von in- und ausländischen Politikern und Diplomaten Wagen dieses Typs bevorzugten. Später stellte sich der Konzern (heute Daimler AG) breiter auf und produziert heute eine Modellpalette vom Luxuswagen der S-Klasse bis hin zum Kleinstwagen Smart.

BMW

Die Bayerischen Motorenwerke begannen nach dem Krieg in München mit der Produktion von höchst unterschiedlichen Automodellen: Neben dem Kleinstauto Isetta wurden Wagen der Oberklasse hergestellt, die sich aber seinerzeit nicht gegen Mercedes durchsetzen konnten.

Der Mercedes 300 SL von 1955.

Ende der 50er-Jahre befand sich BMW in ernsthaften wirtschaftlichen Schwierigkeiten. Diese konnten erst mit dem Mittelklassemodell BMW 1500 und seinen Nachfolgern überwunden werden. Seitdem hat sich BMW zu einer der beliebtesten Automarken entwickelt. Durch Übernahme der britischen Marken Rolls Royce und Mini wurde die Produktpalette im oberen und unteren Preissegment erweitert.

Das BMW M6-Coupe beim Genfer Autosalon, 2012.

Opel

Ursprünglich einer der ersten deutschen Automobilproduzenten, gehört Opel schon seit 1929 zum amerikanischen Konzern General Motors. In den ersten Nachkriegsjahren dominierte Opel den Markt der Mittelklasse mit seinen Modellen Olympia und Rekord. Ergänzt wurde die Modellpalette durch das Oberklasse-Modell Kapitän und später im unteren Segment durch den Kadett. Seit den 80er-Jahren hat der Konzern allerdings zunehmend mit Absatzproblemen zu kämpfen.

Opel Kadett, 1973.

Giganten der Wirtschaft

Im weltweiten Vergleich ist der starke Mittelstand in Deutschland eine wirtschaftliche Besonderheit. Die mittelständischen Unternehmen mit ihrer Flexibilität und ihrer hohen Ausbildungsquote sind nach Meinung vieler Experten verantwortlich dafür, dass unser Land in der Wirtschaftskrise relativ gut dasteht.

Dennoch haben auch viele Großunternehmen die Wirtschaft – und damit die gesamte Entwicklung der Bundesrepublik – entscheidend mitbestimmt. Einige davon haben ihre dominierende Stellung bis heute beibehalten, andere gingen unter oder mussten sich den rasanten Veränderungen in einer zunehmend globalisierten Welt anpassen.

ThyssenKrupp

Der größte deutsche Stahl- und Technologiekonzern entstand 1999 aus der Fusion der Friedrich Krupp AG Hoesch-Krupp mit der Thyssen AG. Beide Partner hatten bereits seit dem 19. Jahrhundert die deutsche Schwerindustrie dominiert und nach dem Zweiten Weltkrieg maßgeblich das deutsche „Wirtschaftswunder" geprägt. Mit dem Tod von Berthold Beitz, Ehrenvorsitzender des Aufsichtsrats von ThyssenKrupp, endete im Juli 2013 eine Ära deutscher Industriegeschichte.

Siemens

Dem Technologiekonzern aus Berlin erging es in der Nachkriegszeit wie der jungen Bundesrepublik: Er war tief in die Politik des Dritten Reiches verstrickt, und doch gelang es ihm, sehr schnell wieder aufzusteigen. Als in den 50er-Jahren die Nachfrage nach modernen Konsumgütern wie Elektrogeräten sprunghaft anstieg, profitierte auch der nun primär von München aus agierende Konzern kräftig vom Wirtschaftswunder. Im Laufe der letzten Jahrzehnte entwickelte sich Siemens immer mehr zum internationalen Konzern, die deutschen Umsätze verloren zunehmend an Bedeutung. Zuletzt machte das Unternehmen Negativschlagzeilen mit Korruptionsvorwürfen und Waffengeschäften. Dennoch zählt Siemens zweifellos zu den deutschen Traditionsfirmen, die die Globalisierung erfolgreich gemeistert haben.

BASF

BASF (ehemals Badische Anilin- & Soda-Fabrik) mit Sitz in Ludwigshafen ist der weltweit größte Chemiekonzern. Als eines von elf Unternehmen ging BASF aus der früheren I. G. Farben hervor, die 1950 auf Anweisung der Alliierten entflochten wurde. Das Unternehmen ist mit über 113.000 Mitarbeitern an rund 400 Produktionsstandorten in mehr als 80 Ländern vertreten. 2012 erzielte BASF einen Umsatz von über 78 Milliarden Euro.

Deutsche Telekom

Die Deutsche Telekom ging 1995 – wie auch die Deutsche Post und die Deutsche Postbank – als Aktiengesellschaft aus der früheren Deutschen Bundespost hervor. Die Aktien verbleiben zunächst beim Bund. Im November 1996 erfolgt der Börsengang. Die Nachfrage ist rund fünfmal so groß wie das Angebot und spült der Telekom rund 20 Milliarden DM in die Kassen. Der Kurs steigt zunächst an, ab dem Jahr 2000 verlieren die Aktien aber massiv an Wert. Die Deutsche Telekom, die sich vor allem im Sportsponsoring engagiert, sitzt in Bonn und gehört mit Vodafone und Telefónica zu den größten europäischen Telekommunikationsunternehmen.

Aldi

Die Erfolgsgeschichte von Aldi beginnt 1946, als Karl und Theo Albrecht den Kramladen der Mutter in Essen-Schonebeck übernehmen. Die extrem öffentlichkeitsscheuen Brüder bauen Aldi seit den 1960er-Jahren zur Mutter aller Discountunternehmen auf. Aldi kauft große Mengen günstig ein, rationalisiert die Abläufe und verzichtet auf eine ansprechende Präsentation der Waren. Die Billigstrategie hat Erfolg, denn die Deutschen sparen besonders gerne bei Lebensmitteln. Ihr Anteil an den privaten Haushaltsausgaben liegt bei lediglich 11 %. Experten schätzen die weltweiten Umsätze von Aldi im Jahr 2012 auf gut 62 Milliarden Euro.

Deutsche Bank

Die bereits 1870 gegründete Deutsche Bank ist das mit Abstand größte deutsche Kreditinstitut. Die in Frankfurt am Main ansässige Bank wies 2012 eine Bilanzsumme von über 2.000 Milliarden Euro aus. Da das Institut als systemisch bedeutsame Bank eingestuft wird, unterliegt es besonders strengen Eigenkapitalanforderungen. Die weltweite Finanzkrise überstand die Bank ohne direkte staatliche Unterstützung.

🔍 Ex-Exportweltmeister BRD

Deutschland hatte lange Zeit so viele Waren ins Ausland ausgeführt wie kein anderes Land der Welt. Dann wurde es vom Thron gestoßen. Schon 2009 überholte China die deutsche Wirtschaft und übernahm den Posten des Exportweltmeisters. 2012 fiel Deutschland sogar auf Platz drei – hinter die USA. Das wird sich 2013 möglicherweise wieder ändern – der zweite Platz ist laut Schätzungen wieder möglich.

Die einflussreichsten Medien der Bundesrepublik

„Zum Regieren brauche ich nur BILD, BamS und Glotze" – dieser Satz wird Gerhard Schröder (SPD) zugeschrieben. Und wenn auch die virtuose Beherrschung des Medienapparates sicher nicht das vernünftige Regierungshandeln ersetzt, so zeugt die Aussage des ehemaligen Bundeskanzlers doch von einem Bedeutungswandel der Massenmedien in Deutschland.

Denn als die Alliierten nach dem Zweiten Weltkrieg die Lizenzen für die Gründung neuer Zeitungen erteilten, stand insbesondere die Funktion einer freien und kritischen Presse für die Entwicklung einer demokratischen Öffentlichkeit im Vordergrund. Über Missstände berichten, informieren, Diskussionen anregen und zur Meinungsbildung beitragen sollten die Zeitungen, und viele erfüllen diesen Auftrag bis heute in hohem Maße.

In den letzten Jahren allerdings hat sich die Grenze zwischen Politik und Medien zunehmend geöffnet. Beliebtheit ersetzt Kompetenz, Umfrageergebnisse ersetzen die Analyse, der Unterhaltungswert übertrumpft die Sachkunde – diesen Vorwurf müssen sich nicht nur Politiker, sondern auch viele Medien und ihre Nutzer gefallen lassen.

Heute steht die Medienlandschaft vor einem gewaltigen Umbruch. Die Auflagen – und die Anzeigeneinnahmen – der gedruckten Blätter befinden sich seit rund 20 Jahren im freien Fall. Große Verlage setzen voll auf die Karte Internet, und niemand kann vorhersagen, wie viele und welche Zeitungen es in einigen Jahren noch geben wird. Gewiss, Menschen werden immer Nachrichten wollen und auch bekommen – nur in welcher Form, das ist die spannende Zukunftsfrage.

Die Welt

Seit ihrem ersten Erscheinen 1946 gehört die Tageszeitung „Die Welt" zu den bedeutendsten Blättern der Republik, neben der FAZ gilt sie als tonangebende Zeitung des bürgerlich-konservativen Spektrums. Die Krise des Print-Journalismus machte auch vor dem renommierten Blatt nicht halt, was zu einer zunehmenden Gewichtsverlagerung zum Onlinebereich führte. Die „Welt am Sonntag" ist zwei Jahre jünger als das „Wochenblatt" und feiert 2013 ihr 65-jähriges Bestehen.

BILD

Die BILD-Zeitung erscheint seit 1952 im Axel-Springer-Verlag und gilt neben der britischen „Sun" als die auflagenstärkste Tageszeitung in Europa. Wegen der häufig plakativen und vereinfachenden Berichterstattung ist die BILD immer wieder Gegenstand kritischer Diskussionen.

Der Spiegel

Als „Sturmgeschütz der Demokratie" bezeichnete der langjährige Herausgeber und Chefredakteur Rudolf Augstein das wöchentlich erscheinende Nachrichtenmagazin. Die Redakteure des „Spiegels" deckten immer wieder Skandale auf. In der sogenannten „Spiegel-Affäre" geriet das Magazin 1962 wegen angeblichen Landesverrats ins Visier der Justiz, ging aber als Symbol der Meinungsfreiheit gestärkt aus dieser Krise hervor.

Frankfurter Allgemeine Zeitung

Die 1949 gegründete Frankfurter Allgemeine Zeitung (FAZ) gilt als konservativ-bürgerliches Leitmedium in Deutschland. Erst 2007 wurde das strenge Erscheinungsbild etwas aufgelockert und etwa ein Foto auf der Titelseite zugelassen. Die FAZ verfügt über eines der weltweit größten Korrespondentennetzwerke.

die tageszeitung

Die tageszeitung (taz) wurde 1978 als links-grüne Alternative auf einem als weitgehend bürgerlich empfundenen Zeitungsmarkt gegründet. Wegen der flachen Hierarchien und der vergleichsweise geringen Verdienstmöglichkeiten galt die taz lange Jahre als Talentschmiede des journalistischen Nachwuchses. Seit ihrer Gründung stand die taz wiederholt vor der Insolvenz, hat sich aber erholt und leistet sich mit der „sonntaz" mittlerweile sogar eine Wochenendbeilage.

ARD und ZDF

Die beiden öffentlich-rechtlichen Rundfunkanstalten ARD (Arbeitsgemeinschaft der öffentlich-rechtlichen Rundfunkanstalten der Bundesrepublik Deutschland, seit 1950) und ZDF (Zweites Deutsches Fernsehen, seit 1963) sollen die unabhängige Grundversorgung mit Information, Bildung, Kultur und Unterhaltung sicherstellen. Beide werden zum größten Teil über einen Rundfunkbeitrag finanziert und sind auch an europäischen Gemeinschaftsprogrammen wie ARTE oder 3sat beteiligt.

RTL und SAT.1

Nur wenige können sich heute noch vorstellen, dass es für die meisten Bundesbürger bis 1984 nur ARD und ZDF mit ihren Dritten Programmen (sowie einer nächtlichen Sendepause) auf den Bildschirmen zu sehen gab. Mit dem Start der beiden Privatsender PKS (seit 1985 SAT.1) und RTL plus startete die Ära der kommerziellen Privatsender in Deutschland. Für viele Kritiker das Symbol einer zunehmenden Verflachung und Quotenorientierung des Fernsehens, haben sich dennoch bis heute zahlreiche Privatsender etabliert und tragen zur Programmvielfalt bei.

Am Springer-Verlagsgebäude prangt die Titelseite der Bildzeitung vom Tag nach der Wahl Joseph Ratzingers zum Papst Benedikt XVI.

Klaus Bednarz, Reaktionsleiter und Moderator, im Studio der ARD-Verbrauchersendung „Monitor".

Claus Kleber und Gundula Gause moderieren die Jubiläumsausgabe des ZDF heute journals.

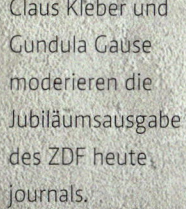

🔍 dpa
Die Deutsche Presseagentur, kurz dpa, ist seit ihrer Gründung 1949 die bedeutendste und größte deutsche Nachrichtenagentur und heute in über 100 Ländern vertreten. 2002 ging die Online-Bilddatenbank „Picture Alliance" an den Start, über die auch andere große Bildagenturen ihre Bestände anbieten.

Das Hauptstädtchen

Bonn

Der frühere Kanzlerbungalow.

Es hätte genauso gut Oldenburg, Braunschweig, Kassel oder Frankfurt sein können. Kaum eine Stadt, die Anfang 1949 nicht als möglicher Regierungssitz der neuen Bundesrepublik gehandelt wurde. Von einer Hauptstadt war angesichts des vorläufigen Charakters eines westdeutschen Teilstaates nicht die Rede. Frankfurt galt als Favorit; hier saßen der Wirtschaftsrat und der süddeutsche Verwaltungssitz der US Army, hier stand die Paulskirche als Symbol einer demokratischen Vergangenheit und Zukunft Deutschlands.

Doch der Parlamentarische Rat tagte seit dem 1. September 1948 in Bonn, und nicht nur Ratspräsident Konrad Adenauer wurde zum Fan der kurfürstlichen Residenzstadt am Rhein. Neben den privaten Motiven Adenauers – der spätere Kanzler wohnte auf der anderen Rheinseite unterhalb des Drachenfels' in Rhöndorf – sprach vor allem die geografische und politische Nähe zu den westlichen Nachbarn für Bonn. Außerdem sollte für die meisten Deutschen Berlin dereinst wieder Hauptstadt werden, und das beschauliche Bonn mit seinen damals nur 100.000 Einwohnern schien als Provisorium besser geeignet als das ungleich größere und bedeutendere Frankfurt.

Ob auch Bestechung eine Rolle spielte, ist bis heute nicht zweifelsfrei geklärt. Jedenfalls entschied sich der Bundestag am 3. November 1949 mit 200 zu 176 Stimmen für Bonn. Die „nördlichste Stadt Italiens" wurde Regierungssitz der Bundesrepublik Deutschland – anfangs als „Bundesdorf" belächelt,

doch schon bald als Symbol eines neuen und bescheideneren Deutschlands fernab jener Großmannssucht respektiert. Nur der Schriftsteller John le Carré, von 1961 bis 1963 zweiter US-Botschaftsrat in Bonn, lästerte in seinem Spionageroman „Eine kleine Stadt in Deutschland" über Bonn, das halb so groß, aber doppelt so tot sei wie der Zentralfriedhof von Chicago: „Entweder es regnet, oder die Bahnschranken sind unten. Tatsächlich passiert natürlich beides gleichzeitig."

Die Bonner störten sich nicht an dem Spott, freuten sich über Staatsbesuche der persischen Kaiserin Soraya (1955) oder von US-Präsident John F. Kennedy (1963) und bauten ihren Regierungssitz zügig aus. Das Abgeordnetenhaus, der 1969 errichtete „Lange Eugen", wurde mit seinen 29 Stockwerken zum neuen Wahrzeichen der Stadt. Prächtige alte Bauten wie die Villa Hammerschmidt oder das Palais Schaumburg dienten als Sitz des Bundespräsidenten und des Bundeskanzlers. Die Einrichtung des Kanzlerbungalows, an dessen Tor Gerhard Schröder einst rüttelte („Ich will hier rein!"), wurde zum geschmacklichen Spiegelbild der Bundeskanzler: von Antiquitäten bei Kiesinger bis zum 80er-Jahre-Museum von Helmut Kohl. Willy Brandt wohnte lieber in einer Villa auf dem Bonner Venusberg. Politiker und Journalisten schätzten die Nähe und den gemütlichen Charak-

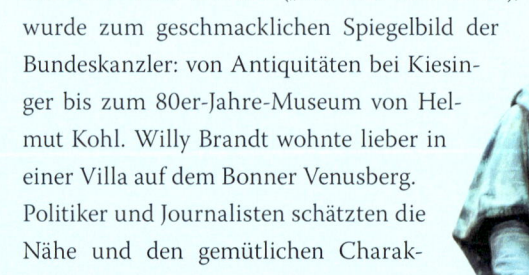

US-Präsident John F. Kennedy spricht am 23. Juni 1963 kurz nach seiner Ankunft auf dem Flughafen Köln-Bonn von der Treppe des Bonner Rathauses zu einer begeisterten Menschenmenge.

ter der Stadt am Rhein – an dessen Uferpromenade Joschka Fischer öffentlich die Wandlung vom Übergewichtigen zum Marathonläufer vollzog – und kamen in der Regel prima miteinander aus. Nicht nur die heimischen Taxifahrer lebten sehr gut mit den Annehmlichkeiten eines Regierungssitzes, und so war es für viele Bonner ein Schock, als sich der Bundestag nach der Wiedervereinigung am 20. Juni 1991 mit 338 zu 320 Stimmen für Berlin als offizielle deutsche Hauptstadt aussprach. Doch die lebensfrohen Rheinländer erholten sich rasch von dieser Entscheidung, zumal die Mehrzahl der Regierungsmitarbeiter zunächst in Bonn verblieb. Und auch wenn ihnen angesichts wiederkehrender Meldungen von einem bevorstehenden Totalumzug der Regierung nach Berlin regelmäßig der Schreck in die Glieder fährt: Die Bonner haben den Verlust ihrer Würde als Regierungssitz bestens weggesteckt.

Theodor Heuss im Gespräch mit der persischen Kaiserin Soraya in der Godesberger Redoute im Jahr 1955.

🔍 Das Bundesbüdchen

Der ovale Kiosk zwischen Bundeskanzleramt, Bundestag und Bundesrat war ab 1957 die zentrale Informations- und Nachrichtenbörse des Regierungsviertels. Besitzer Jürgen Rausch versorgte Norbert Blüm mit Zeitungen und Zigaretten, Hans-Dietrich Genscher mit Gummibärchen und machte einmal Platz für Friedrich Nowottny, der nach einer verlorenen Wette bei „Wetten, dass …?" hier Würstchen verkaufte.

Der Eiserne Vorhang

Eiserner Vorhang

„Von Stettin an der Ostsee bis nach Triest an der Adria hat sich ein eiserner Vorhang über den Kontinent gesenkt, hinter dem die großen Kulturhauptstädte Mittel- und Osteuropas verschwunden sind, Warschau, Berlin, Prag, Wien, Budapest und Sofia. Sie alle liegen nun in der sowjetischen Sphäre und stehen unter der Kontrolle von Moskau." Der britische Premier Winston Churchill ist betroffen, als er diese Worte am 5. März 1946 vor dem Westminster College in Fulton (Missouri) spricht. Schnell ist der Welt klar, dass hier nicht nur von einer neuen geografischen Grenze durch Europa, sondern von einer endgültigen Abgrenzung zweier Denk- und Gesellschaftssysteme die Rede ist. Besonders die Westdeutschen sind nachhaltig betroffen, verschwinden doch nicht nur die eigenen Landsleute der DDR für die kommenden 43 Jahre hinter Mauern und Grenzanlagen, sondern mit ihnen sämtliche östliche Nachbarstaaten, die Deutschlands Geschichte über Jahrhunderte begleitet und mitgeprägt haben.

Eisige Zeiten

Bis zu den Ostverträgen (1970–1973) unterhält die Bundesregierung zu den Staaten des Ostblocks, mit Ausnahme der Sowjetunion, keinerlei diplomatische Beziehungen. Umso schneller vollzieht sich die Annäherung nach Westen: Auf Betreiben Konrad Adenauers und Charles de Gaulles unterzeichnen Deutschland und Frankreich 1963 den Élysée-Vertrag, der die Freundschaft beider Staaten besiegelt. Mit Großbritannien intensiviert man seit 1950 unter anderem auf den Konferenzen in Königswinter den Politdialog, die Beziehungen zu den USA sind seit Marshall-Plan (1947) und Luftbrücke (1948/49) ohnehin glänzend. Dass die wichtigsten Westnationen als Besatzungsmächte in der Bundesrepublik präsent sind, begünstigt den Prozess.

Eiserne Vorstellungen

Die Mauern in den Köpfen der Bundesbürger wachsen beinahe ebenso schnell wie die Grenzanlagen entlang des Eisernen Vorhangs. Während der amerikanisierte Westen für Kaugummi, Rock 'n' Roll und unbegrenzte Freiheit steht und die südeuropäischen Nachbarn mit blauem Meer, Traumstränden und der großen Liebe assoziiert werden, hat man vom Leben auf der anderen Seite kaum eine Vorstellung; was herüberschallt, klingt düster und blutig, so die Nachrichten von Mangelwirtschaft,

Toten an der Grenze oder den gescheiterten Volksaufständen in Budapest (1956) und Prag (1968).

Gucklöcher im Vorhang

Ganz dicht ist der Eiserne Vorhang nicht, besonders seit den 70er-Jahren öffnet er sich gerne und gestattet einen Einblick in die so nahe und doch so ferne östliche Kulturlandschaft. Freude haben die Bundesdeutschen vor allem an den Märchen- und Kinderfilmen osteuropäischer Produktion, an Pan Tau, Lolek und Bolek, den Holzpuppen Spejbl und Hurwinek oder DDR-Spielfilmen wie „Die Legende von Paul und Paula". Dass auch viele Konsumartikel prominenter Versandhäuser für die Bundesdeutschen hinter dem Eisernen Vorhang gefertigt wurden, erfahren viele erst nach der Wende.

Pan Tau, eine deutsch-tschechische Co-Produktion von 1970.

Vorhang auf!

Bis ins Jahr 1979 ist man sich in der Bundesrepublik weitgehend einig, dass die westliche Welt sich die Sowjets nur mit militärischen Drohgebärden vom Leibe halten kann. Mit dem NATO-Doppelbeschluss vom 12. Dezember 1979, der das Wettrüsten zu beschleunigen droht, und den darauf einsetzenden Protesten der Bevölkerung bekommt diese Grundüberzeugung tiefe Risse. Die Politik setzt nun auf Diplomatie. Als die sowjetische Außenpolitik unter Michail Gorbatschow 1986 einzulenken beginnt und sich 1989 der Eiserne Vorhang fast ohne Vorankündigung öffnet, beginnt ein neues Zeitalter – zuerst auf der Landkarte und bald, wenn auch langsam, in den Köpfen.

Bundeskanzler Willy Brandt (Mitte) und der SPD-Fraktionsführer Herbert Wehner nach der Verabschiedung der Ostverträge im Bundestag.

Die Perestroika-Politik von Michail Gorbatschow beendet den Kalten Krieg und öffnet den Eisernen Vorhang.

Köpfe rollen beim Volksaufstand in Budapest, 1956.

Die Zonengrenze

Die reinen Fakten und Zahlen zu der innerdeutschen Grenze geben zwar einen Eindruck davon, wie sehr die Machthaber der DDR eine Flucht ihrer Bürger verhindern wollten, das Ausmaß der Auswirkungen der Einsperrung eines ganzen Volkes kommt aber nur in individuellen Geschichten zum Ausdruck. Das schnöde Zahlenwerk bringt Folgendes zum Vorschein: Länge der deutsch-deutschen Grenze: 1.378,1 Kilometer. Metallgitterzaun: 1.265 Kilometer. Betonsperrmauern: 29,1 Kilometer, in Berlin 106 Kilometer Betonplattenwand mit Rohrauflage, auch als Berliner Mauer bekannt. Dazu 523 innerdeutsche Beobachtungstürme und 302 solche in und um Berlin. Knapp 60.000 Selbstschussanlagen, kilometerlange Minenfelder, Dutzende Bunker, Hundelaufanlagen, Kontakt- und Signalzäune, Kfz-Sperrgräben, Erdbunker und Unterstände.

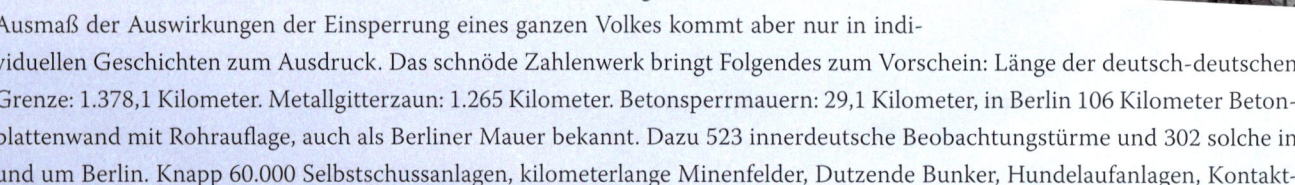

Die Zonengrenze war durchweg mit Sperranlagen und Wachtürmen befestigt, DDR-Grenztruppen hatten die Anweisung, auf DDR-Flüchtlinge scharf zu schießen.

Kein Durchkommen

War die auch Zonengrenze oder Demarkationslinie genannte Grenze in den ersten Jahren nach der Gründung der beiden deutschen Staaten 1949 noch durchlässig, änderte sich dies ab dem Jahr 1952, als erste Zäune und eine Bewachung seitens der DDR eingeführt wurden. Hinter einer fünf Kilometer breiten Sperrzone, die man nur mit einer Genehmigung betreten durfte, folgte westwärts ein fünfhundert Meter breiter Schutz- und in Grenznähe ein zehn Meter breiter Kontrollstreifen.

Glück und Unglück

Die waghalsigsten geglückten Fluchtversuche aus der DDR gelangen 1979 zwei Familien, die mit einem Heißluftballon in zweitausend Metern Höhe über die Grenze nach Bayern schwebten (links), diversen Menschen, die in niedrigen Autos unter Schlagbäumen durchfuhren, und einem Mann, der 1968 in einem Mini-U-Boot in der Ostsee gen Westen aufbrach – und ankam.

Doch bereits am Tag der Errichtung der Berliner Mauer, dem 13. August 1961, kam der erste von 239 Menschen an der Berliner Grenze bei einem Fluchtversuch ums Leben. 271 Personen waren es seither an der innerdeutschen Grenze. Zählt man Opfer an anderen Stellen der Grenze sowie Flüchtlingstote vor dem Mauerbau hinzu, kommt man auf 916 Opfer.

Das große gallische Dorf

Eine Ausnahme im innerdeutschen Grenzverkehr bildete seit jeher Berlin. Bis in das Jahr 1961 wurde man zwar an den Grenzen innerhalb der Stadt kontrolliert, ein Hin und Her war dennoch ohne große Gefahren möglich. Dies änderte sich mit dem Mauerbau in ebenjenem Jahr, als die Flüchtlingswelle den Mächtigen der DDR zu viel wurde. Dem provisorischen Stacheldraht folgte eine Steinmauer, selbst Türen und Fenster gen Westen wurden zugemauert. In der Folge kam es zu zum Teil spektakulären Fluchtversuchen, denen monatelange Planungen und das Graben von Tunneln in den Westen vorausgegangen waren.

Zone der Tiere

Wenn der innerdeutsche, kilometerbreite Grenzstreifen überhaupt etwas Gutes hatte, dann dass er über die Jahre der Teilung zu einem Rückzugsgebiet für bedrohte Tiere und Pflanzen wurde.

🔍 Verschiedene sogenannte Transitstraßen verbanden Westberlin mit der Bundesrepublik. Wer sie benutzte, musste sich strikt ans DDR-Reglement halten. Längere Stopps oder gar das Verlassen der Transitstrecken waren streng verboten. Die Stasi überwachte den Verkehr, teils getarnt in Fahrzeugen mit westdeutschen Kennzeichen.

Die Berliner Mauer

„Ich bin ein Berliner." Am 26.6.1963 spricht US-Präsident John F. Kennedy diesen Satz als Ausdruck seiner Verbundenheit mit den Berlinern in einer Stunde der Not. Er will damit verdeutlichen, dass die USA nicht bereit sind, Westberlin aufzugeben.

Sie ist das weltbekannte Symbol der deutschen Teilung und des Kalten Krieges: die Berliner Mauer. Gebaut, um DDR-Bürger daran zu hindern, den „Arbeiter- und Bauernstaat" in Richtung Westen zu verlassen und von der SED propagandistisch als „antifaschistischer Schutzwall" deklariert, war sie das Denkmal eines gescheiterten Staates. In der Nacht vom 12. auf den 13. August 1961 riegelte die DDR ohne Vorwarnung die Sektorengrenze rigoros ab und begann, die Grenzen durch eine Mauer zu befestigen. Damit war das Undenkbare Realität geworden: Der SED-Staat hatte seine Bürger eingesperrt. Bis zu ihrem Abriss 1990 stand die Mauer mitten in Berlin, Zeugnis einer brutalen Politik, die weder auf Familienzusammengehörigkeit noch auf Menschenrechte Rücksicht nahm.

Aus Sicht der Ostberliner Führung allerdings war sie ein Mittel des Überlebens. Zwischen Kriegsende 1945 und Mauerbau 1961 hatten rund 2,7 Millionen Menschen der DDR den Rücken gekehrt – der junge Staat drohte personell und damit auch wirtschaftlich auszubluten. Mit der Errichtung der Mauer aber war die innerdeutsche Grenze unüberwindbar geworden. Familien wurden gewaltsam getrennt, Tausende konnten nicht mehr zu ihrem Arbeitsplatz im anderen Sektor. Eine ganze Stadt wurde auseinandergerissen und mit ihr natürlich auch ein ganzes Land.

Zahlreiche Ostdeutsche, die sich nicht damit abfinden wollten und versuchten, die Mauer zu überwinden, kamen ums Leben, weil sie von DDR-Grenzsoldaten erschossen wurden. Andere wurden bei Fluchtversuchen gefasst und landeten im Gefängnis. Allein in Berlin gab es Schätzungen zufolge 136 Todesopfer. Insgesamt starben mutmaßlich 916 Menschen bei dem Versuch, aus dem „real existierenden Sozialismus" zu fliehen.

1989 führte endlich die von Michail Gorbatschow begründete „Perestroika" zu einer Kettenreaktion, an deren Ende der Kollaps des DDR-Staatsapparats und der Fall der Mauer standen.

Aus heutiger Sicht erscheint bedauerlich, dass man nach der Wiedervereinigung 1990 die Mauer nahezu vollständig abriss, schließlich war sie ein einzigartiges Denkmal. Die meisten Berliner aber sahen in ihr vor allem ein hässliches Ärgernis.

Ihr Fall – ausgelöst durch den friedlichen Bürgerprotest in Ostdeutschland – gilt weltweit als Triumph von Freiheitswillen und Gerechtigkeit.

„Niemand hat die Absicht, eine Mauer zu errichten!"

Walter Ulbricht spricht am 15. Juni 1961 zum ersten Mal öffentlich von einer Mauer. Zwei Monate später steht sie.

Heute kaum noch vorstellbar, aber 28 Jahre lang war es Realität: der Verlauf der Mauer direkt am Brandenburger Tor.

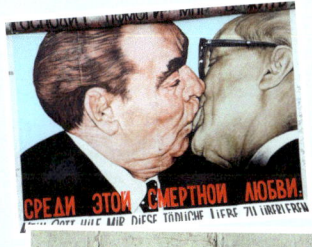

Die East Side Gallery ist das längste erhaltene Mauerstück in Berlin. Und es ist ein Kunstwerk: 1990 verewigten sich hier 118 Künstler aus 21 Ländern mit Graffitis. Auch deswegen hat die East Side Gallery einen festen Platz im Besichtigungsprogramm der meisten Berlin-Besucher. Aber die einzigartige Touristenattraktion ist nicht ungefährdet – zuletzt entbrannte im März 2013 eine Debatte über die Notwendigkeit des Erhalts der East Side Gallery, nachdem Teile der Mauer für die Erschließung des dahinter gelegenen Grundstücks zum Abbruch freigegeben wurden. Forderungen wurden laut, die Aufnahme in das UNESCO-Weltkulturerbe zu beantragen. In 40 Ländern stehen heute Fragmente der Mauer als Symbol für Freiheit. Allein in den USA findet man mehr als 50 Mauerstücke (u. a. in Washington, Kalifornien und New York City), andere befinden sich in Russland, Argentinien, Südafrika, Australien, Usbekistan, Japan und in der Südsee.

Der Checkpoint Charlie (oben: 1961 und 2009), war einer der bekanntesten Berliner Grenzübergänge zwischen 1961 und 1990. Als Folge des Versuchs der SED-Führung, alliierte Rechte der Westmächte in Berlin einzuschränken, standen sich am 27. Oktober 1961 sowjetische und amerikanische Panzer gefechtsbereit gegenüber. Heute zählt der Checkpoint Charlie als Gedenkstätte mit einer originalgetreuen Rekonstruktion der ersten Kontrollbaracke zu den bekanntesten Sehenswürdigkeiten Berlins.

🔍 Die Berliner Mauer in Zahlen

- ▶ 155 km Gesamtlänge, dabei 43 km innerstädtische Grenze
- ▶ 8 Grenzübergänge zwischen Ost- und Westberlin
- ▶ 6 Grenzübergänge zwischen der DDR und Westberlin
- ▶ 302 Beobachtungstürme
- ▶ vordere Sperrmauer (innerstädtisch) bis 3,60 m hoch
- ▶ Streifen zwischen vorderer Sperrmauer und Hinterlandmauer innerstädtisch abhängig von Häuserbebauung zwischen 30 und 500 m breit
- ▶ Das „Sperrgebiet" an der Grenze zwischen der DDR und der Bundesrepublik bestand aus der „Sperrzone" (5 km), dem „Schutzstreifen" (500 m) und dem „Kontrollstreifen" (10 m), letzterer auch „Todesstreifen" genannt

Die Studentenbewegung

In den 60er-Jahren brodelte es an deutschen Universitäten. Zu lange hatte man unter der erdrückenden Atmosphäre der Adenauer-Jahre gelitten, zu lange hatte man zugesehen, wie Macht-Eliten des Dritten Reichs ihren Status und Einfluss ungeschoren in die Nachkriegszeit hinüberretteten. Die autoritären Verhältnisse, das Schweigen über die Vergangenheit, die vermeintliche Gleichgültigkeit gegenüber Kriegen und Unrechtsregimen in aller Welt wollte man nicht mehr hinnehmen. Aus den USA drang eine Studenten- und Bürgerrechtsbewegung nach Westeuropa, die bald auch die westdeutschen Universitäten erfasste. Die Philosophen der Frankfurter Schule dienten dabei als historische Bezugspersonen und Vordenker, radikalere Strömungen wie die US-amerikanische Black-Panther-Bewegung galten als Vorbild. „Unter den Talaren – Muff von 1.000 Jahren!" – mit diesem Slogan brachte man es auf den Punkt: Vorbei war das Duckmäusertum, die Ehrfurcht vor den Honoratioren der Vätergeneration. Respektlos und mitunter radikal, provokativ und antiautoritär gaben sich die Anhänger der Bewegung, die damals den bürgerlichen Schichten der Bundesrepublik einen gehörigen Schreck einjagte. Als Reaktion auf die „Revoluzzer" oder die „68er" hieß es nicht selten: „Geht doch nach drüben (gemeint war die DDR), wenn's euch hier nicht passt", oder sogar: „Unter Adolf hätte es das nicht gegeben!"

„Unter den Talaren – Muff von 1.000 Jahren!"

Die Auseinandersetzung eskalierte Ende der 60er-Jahre. 1967 wurde der Student Benno Ohnesorg am Rande einer Demonstration erschossen, 1968 überlebte der Studentenführer Rudi Dutschke ein Attentat nur knapp. Die Republik war im Schockzustand, eine Desillusionierung machte sich breit. Als Folge begann die Bewegung, sich zu spalten. Ein Teil der Studenten radikalisierte sich und glitt allmählich in den terroristischen Untergrund ab, daraus entstand die Rote Armee Fraktion (RAF). Die Mehrheit aber verwirklichte den von Rudi Dutschke propagierten „Marsch durch die Institutionen". Letztlich ging auch die Partei „Die Grünen" aus der Bürgerrechtsbewegung hervor.

ESKALATION: DIE ERSCHIESSUNG BENNO OHNESORGS Während eines Staatsbesuchs des Schahs von Persien wurde der 26-jährige Westberliner Student Benno Ohnesorg am 2. Juni 1967 von dem Polizisten Karl-Heinz Kurras erschossen – aus nächster Nähe. Ohnesorg war friedlicher Teilnehmer der Anti-Schah-Demonstration, deshalb war auszuschließen, dass Kurras aus Notwehr gehandelt hatte. Diese regelrechte Hinrichtung eines Bürgers führte zur Eskalation der Studentenproteste, zumal Polizei, viele Politiker und die konservative Presse versucht hatten, den Studenten die Schuld am Tod Ohnesorgs zuzuweisen. Kurras wurde mehrfach freigesprochen, seine Argumentation vor Gericht verglich Theodor W. Adorno mit 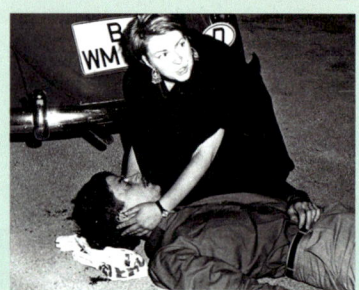 der Mentalität der NS-Justiz. 2009 wurde bekannt, dass Kurras Agent der DDR-Staatssicherheit war, es folgten ein erneuter Prozess und wieder ein Freispruch. Eine Beauftragung zum Mord durch die Stasi konnte nicht nachgewiesen werden; allgemein wird angenommen, dass Kurras eigenmächtig und vorsätzlich handelte. Verurteilt wurde er dafür bis heute nicht.

RUDI DUTSCHKE Er war das Gesicht der Studentenbewegung: Rudi Dutschke, undogmatischer Kopf des SDS (Sozialistischer Deutscher Studentenbund). In ihm fand die Studentenrevolte einen charismatischen Anführer, während die konservative Presse ihn aggressiv zum Bürgerschreck stilisierte. Im April 1968, nur neun Monate nach dem Tod Benno Ohnesorgs, wurde auch Dutschke Ziel eines Attentats. Ein mutmaßlich Rechtsradikaler schoss drei Mal auf ihn, Dutschke überlebte nur knapp. 1979 starb er an den Spätfolgen des Attentats, kurz bevor er am Gründungskongress der Grünen teilnehmen wollte.

Die Studentenbewegung, aber auch erhebliche Teile der Bevölkerung sahen in Bundeskanzler Kiesinger ein Symbol unbewältigter deutscher Vergangenheit.

Als die regierende Große Koalition auch in Reaktion auf die landesweiten Unruhen im Mai 1968 die Notstandsgesetze verabschiedete, führte dies zu noch mehr Protesten.

Die sexuelle Revolution

Was Sigmund Freud, Wilhelm Reich und Herbert Marcuse bereits wissenschaftlich und philosophisch vorbereitet hatten, brach im Laufe der 60er-Jahre über die meist nichtsahnenden bundesdeutschen Normalverbraucher herein wie ein Orkan. Eben noch war Verhütung ein Thema, über das man höchstens hocherrötet flüstern konnte, und sexuelle Bedürfnisse von Frauen waren eines der am strengsten gehüteten Geheimnisse überhaupt, von Bi- und Homosexualität ganz zu schweigen.

Der amerikanische Sexualforscher Alfred Kinsey war es wohl, der den Stein ins Rollen brachte mit seinen Büchern über männliche und weibliche Sexualität (die „Kinsey-Reports"). Von den USA aus schwappte die Welle unaufhaltsam nach Europa und machte auch vor der braven Wirtschaftswunderrepublik nicht halt. Plötzlich lernten die schockierten Bundesbürger, dass nahezu jeder Mensch im Prinzip bisexuell ist, dass die meisten Männer masturbieren, ohne schwerste gesundheitliche Schäden davonzutragen, und dass auch Frauen eine – jawohl! – eigene Sexualität haben!

1. Juni 1961: Schering führt die „Pille" in Deutschland ein. Das moderne Verhütungsmittel schlechthin ermöglicht den Frauen ein freieres, eigenständigeres Sexleben, damit ist es automatisch Teufelszeug in den Augen Konservativer und der Kirche. Die Einführung der Anti-Baby-Pille hat auch in der Bundesrepublik weitreichende Folgen: 1965, also kaum vier Jahre nach seiner Zulassung, verursacht das Verhütungsmittel den „Pillenknick" – die Geburtenrate, in den Wirtschaftswunderjahren auf einem Hoch („Baby-Boomer"), verzeichnet einen drastischen Rückgang.

Die „Sexuelle Revolution" der 60er- und 70er-Jahre ging Hand in Hand mit den politisch-kulturellen Umwälzungen dieser Zeit, aber im Gegensatz zu den primär politischen Strömungen (Studentenbewegung, Hippie-Kultur) betraf sie alle Schichten der Republik. Denn spätestens ab 1970 gab es kein Entkommen mehr, die „Sexwelle" war überall. Der zeitgenössische Drang nach Liberalisierung und Enttabuisierung führte

Aus dem Oswald-Kolle-Film „Deine Frau, das unbekannte Wesen".

Als Gegenentwurf zum bürgerlichen Modell des Zusammenlebens entstand 1967 in Berlin die Kommune 1. Neben freier Liebe und der totalen Zerschlagung aller familiären Strukturen propagierten die Kommunarden auch politische, linksradikale Ziele und erzielten damit großes Medieninteresse. 1969 löste sich die Kommune auf.

zum medialen Dammbruch – plötzlich prangten überall nackte Brüste, superknappe Mini-Röcke oder Hot-Pants. Die utopische Idee der freien Liebe drang via TV, Radio und Zeitung verlockend bis in die hintersten Winkel der Republik und blieb auch dort nicht ohne Wirkung. Es waren wohl weniger libertinäre Intellektuelle, die der Endlos-Schmuddelfilmreihe „Schulmädchen Report" zum dauerhaften Erfolg verhalfen, als

ebenjene braven Spießbürger, die offiziell alle Errungenschaften der sexuellen Revolution lauthals verdammten, insgeheim aber durchaus partizipierten – oder zumindest davon träumten. Auch das Publikum von Oswalt Kolles Volksaufklärungsfilmen („Deine Frau – das unbekannte Wesen") dürfte sich weniger aus revolutionären Aktivisten denn aus durchschnittlich verklemmten „Normalbürgern" zusammengesetzt haben.

Alles Verteufeln half nichts, in den 70ern war Sexualität unumkehrbar öffentlich geworden, „Stern" und „Spiegel" nutzten Nackte auf den Titelblättern regelmäßig zur Auflagensteigerung, Bahnhofskinos zeigten Hardcore-Pornografie mit regem (in der Regel männlichem) Zulauf, und sogar bei den Minderjährigen sorgte die „Bravo" dafür, dass „Doktor Sommer" (dahinter verbarg sich der Psychologe und Religionslehrer Martin Goldstein) Onanie enttabuisierte, über Petting aufklärte und Tipps zur Verhütung gab – alles farbig bebildert, versteht sich.

Dass die sexuelle Revolution mitunter über das Ziel hinausschoss, belegen Geschichten, die die „Grünen" jüngst (2013) in Erklärungsnot brachten. In den 70er-Jahren schrieb Grünen-Politiker Daniel Cohn-Bendit provokativ über sexuelle Erlebnisse mit Kleinkindern, später forderte eine Pädophilen-AG der Partei Straffreiheit für einvernehmlichen Sex mit Kindern. Das veranlasste immerhin die Parteivorsitzende Claudia Roth, sich öffentlich für diese Jugendsünden der Partei zu entschuldigen.

Juristische Liberalisierung

Während die Kriminalisierung von männlicher Homosexualität mit der Reform des § 175 (1969 und 1973) zumindest abgemildert wurde (erst 1994 schaffte man den „Schwulenparagraphen" gänzlich ab), so verlief der medienwirksam geführte Kampf gegen den „Abtreibungsparagraphen" 218 nicht ganz so erfolgreich. Obwohl die Frauenbewegung das Recht auf Abtreibung mit dem allgemeinen Selbstbestimmungsrecht verknüpfte und dabei prominente Unterstützung erhielt – so bekannten zahlreiche prominente Frauen 1971 auf dem Cover des Sterns, abgetrieben zu haben, darunter Romy Schneider und Senta Berger –, besteht der § 218 bis heute in einer im europäischen Vergleich relativ restriktiven Form.

Stern-Titel 1971 Alice Schwarzer organisierte im Kampf gegen den Abtreibungsparagraphen § 218 die Aktion „Wir haben abgetrieben". Allerdings hatten nicht alle der teilnehmenden Frauen tatsächlich abgetrieben.

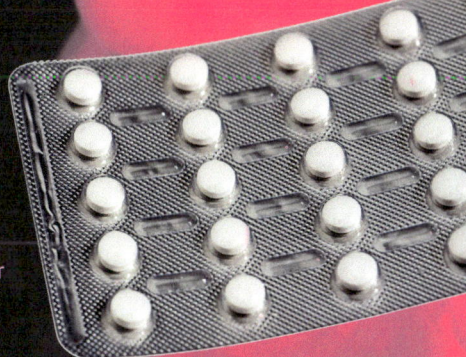

Die Anti-Baby-Pille führte Mitte der 60er-Jahre zum „Pillenknick" und ermöglichte Frauen ein freieres Ausleben ihrer Sexualität.

Krautrock

Bis heute ist umstritten, wer auf die Idee kam, den deutschen Bands der frühen 70er-Jahre den ironischen Sammelbegriff „Krautrock" zu verpassen. War es der britische Radiomoderator John Peel, der schon früh ein offenes Ohr hatte für das, was sich da in der Bundesrepublik musikalisch tat? Oder war es ein Song auf dem Debütalbum von Amon Düül, „Mama Düül und ihre Sauerkrautband spielt auf" (1969)? Lieferte die Band Faust das Schlagwort, als sie 1973 eins ihrer Stücke „Krautrock" betitelte? In jedem Fall etablierte sich der Begriff erst später als rückblickende Zusammenfassung einer ziemlich vielseitigen Musikszene, die unterschiedlichste Stilelemente umfasste.

Jazz, Rock und Elektronisches vermischten sich zu oft avantgardistischen Soundteppichen. Dies war kein Pop, das war klar, ansonsten regierte absolute künstlerische Freiheit. Komplexe, repetitive Stücke, die nicht selten eine Länge von 15 Minuten erreichten, und eine starke Neigung zur Improvisation und Psychedelik forderten dem Hörer einiges ab, doch diese Musik entsprach ganz und gar dem Zeitgeist der Ära. Neben Amon Düül/Amon Düül II, Can, Guru Guru, Tangerine Dream, Birth Control, Kraan und Neu zählten anfangs auch die späteren Wegbereiter des Elektropops, Kraftwerk, zu dieser vielfältigen Szene. Man trug lange Haare und Afghanenmäntel, und für viele waren die Musiker einfach „nur" Hippies.

„Made In Germany" von Amon Düül II, 1972.

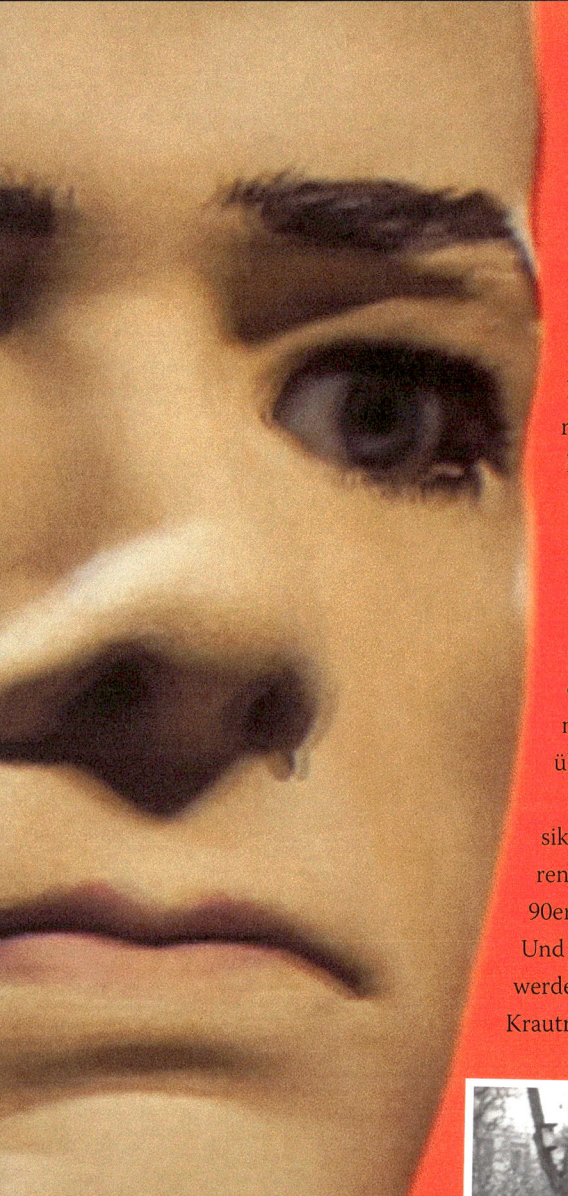

Einige Bands dieser Strömung hatten übrigens eine bemerkenswerte Nähe zum außerparlamentarischen Widerstand, sprich zur politischen Linken. Und sie fanden nicht nur in der Bundesrepublik ihre Hörer, sondern auch im Ausland. Besonders in Großbritannien wurde der Krautrock ganz unerwartet zum einflussreichen Genre, das bis heute seine Fans hat. So weist etwa David Bowies berühmte Berlin-Trilogie deutliche Krautrock-Einflüsse auf, später verarbeiteten britische Post-Punk-Bands wie The Fall oder PiL Stilelemente aus Deutschland.

Mitte der 70er-Jahre ging die Ära des Krautrocks zu Ende, doch der internationale Einfluss, den diese Bands ausübten, blieb bestehen.

Nachfolgende Generationen von Musikern lassen sich immer wieder inspirieren, besonders die Techno-Künstler der 90er-Jahre erinnerten sich an die rhythmusbetonten Klanglandschaften des Krautrocks. Und natürlich sind die Musiker selbst weiterhin aktiv. Wichtige Alben dieser Strömung werden wiederveröffentlicht, und viele Bands werden reaktiviert und gehen erneut auf Tour. Krautrock ist eben beides: ein Produkt seiner Zeit und gleichzeitig zeitlos.

🔍 Der britische DJ John Peel gehörte zu den ersten Fans des Krautrocks im Ausland. New-Wave-Held Julian Cope schrieb 1996 sogar ein Buch zum Thema: „Krautrocksampler: One Head's Guide to the Great Kosmische Musik – 1968 Onwards".

Can aus Köln waren eine der einflussreichsten Krautrock-Bands.

Die Elektro-Pioniere Kraftwerk begannen ursprünglich als Krautrocker.

Die Literaturstars

Deutschland ist das Land der Dichter und Denker. So sehen es zumindest die Deutschen selbst gern, und tatsächlich gehört die Bundesrepublik zu den Ländern mit der reichsten Literatur- und Verlagslandschaft der Welt: Über 2.000 Buchverlage gibt es in Deutschland. Nach wie vor ist Literatur immer wieder Thema breiter gesellschaftlicher Diskussionen, und auch das schon mehrfach totgesagte Medium Buch ist noch immer für einen handfesten Skandal gut – man denke nur an die aufgeregten Diskussionen um Buchveröffentlichungen von Charlotte Roche oder Thilo Sarrazin. Im internationalen Vergleich hat Literatur hierzulande immer noch einen relativ hohen Stellenwert.

Patrick Süskind landete mit seinem 1985 erschienenen Roman „Das Parfüm" einen unerwarteten internationalen Bestseller. Sagenhafte 20 Millionen Exemplare des historischen Kriminalromans gingen über den Ladentisch, eine erfolgreiche Verfilmung durch Tom Tykwer folgte 2006. Das Buch zählt zu den bekanntesten Werken der deutschen Gegenwartsliteratur. Süskind, der konsequent jede Öffentlichkeit meidet, verfasst neben Belletristik auch erfolgreich Drehbücher, meist gemeinsam mit Helmut Dietl.

In den 50er-Jahren entwickelte sich der Kölner Schriftsteller **Heinrich Böll** zum literarischen Sprachrohr jener Bundesrepublik, die mit dem biederen Konservatismus der Adenauerzeit nicht einverstanden war. Viele seiner Werke beschäftigten sich mit Kriegserfahrungen, repressiven gesellschaftlichen Konventionen, Bigotterie und den Lebenslügen der Nachkriegsgesellschaft. Ähnlich wie Grass bezog auch Böll politisch Stellung, schrieb über die RAF und pflegte Kontakte zu Dissidenten der Sowjetunion. Die medienkritische Erzählung „Die verlorene Ehre der Katharina Blum" (1974) setzte sich mit den Folgen menschenverachtender Praktiken der Boulevardpresse auseinander, die ihn daraufhin heftigst attackierte. Das Buch wurde ein großer internationaler Erfolg, und auch die Verfilmung von Volker Schlöndorff und Margarethe von Trotta entwickelte sich zu einem der wichtigsten Werke des Autorenfilms. 1972 wurde Böll mit dem Nobelpreis für Literatur geehrt. Er starb 1985, kurz nach Vollendung seines letzten Romans, „Frauen vor Flusslandschaft".

Herta Müller liest 2011 auf der internationalen Buchmesse in Guadalajara, Mexiko. 2009 erhielt sie den Literatur-Nobelpreis.

🔍 **Frankfurter Buchmesse**

Die Frankfurter Buchmesse ist nicht nur die weltgrößte Buchmesse, sondern auch eine der ältesten. Ihre Ursprünge lassen sich ins 15. Jahrhundert zurückverfolgen, als Johannes Gutenberg im nahen Mainz den Burchdruck erfunden hatte. Heute laden jedes Jahr im Oktober mehr als 7.000 Verlage, Händler und andere Aussteller aus über hundert Ländern ein; der Publikumsandrang ist gigantisch.

Eigentlich war **Hildegard Knef** ja Schauspielerin. Dann stieg sie zur erfolgreichsten Sängerin der Bundesrepublik auf – kaum ein Haushalt, in dem nicht mindestens ein Knef-Album zu finden war. 1970 war ihre Karriere schon über dem Zenit, da erschien ihre Autobiografie „Der geschenkte Gaul" und machte das Multitalent unerwartet auch noch zur Erfolgsautorin. Das Buch, das ihr Überleben im umkämpften Berlin in drastischen Bildern schildert, entwickelte sich binnen kürzester Zeit zum bis dato größten Bucherfolg der Bundesrepublik. Sechs Wochen nach Erscheinen war bereits eine Viertelmillion Exemplare verkauft, bis heute sind es rund 4 Millionen verkaufte Bücher – und das rund um den Globus. 18 Wochen lang belegte „The Gift Horse" den ersten Platz auf der New-York-Times-Bestsellerliste.

Günter Grass ist wohl der berühmteste Schriftsteller der Bundesrepublik, und mit Sicherheit ist er der international einflussreichste. Sein Erstlingswerk „Die Blechtrommel", 1959 erschienen, wurde ein großer Erfolg im In- und Ausland und zählt längst zum Kanon der wichtigsten Werke der deutschen Literatur überhaupt. Das deutsch-polnische Sittenbild aus der Zeit des Zweiten Weltkriegs setzt sich vom betont nüchternen Ton typischer deutscher Nachkriegsliteratur ab und vermischt Realistisches mit Elementen des Schelmenromans. Grass ist gleichzeitig eine öffentliche Figur: Er engagierte sich im Wahlkampf für Willy Brandt, positioniert sich immer wieder bei politischen Debatten, scheut nicht vor Polemik zurück und gerät dadurch mitunter auch selbst in die Kritik. 1999 erhielt er den Nobelpreis für Literatur für sein Lebenswerk.

Am 10. Dezember 1999 erhält Günter Grass den Literatur-Nobelpreis aus den Händen des schwedischen Königs Carl XVI. Gustaf.

🔍 **Skandalliteratur**

Die Britin Charlotte Roche war ursprünglich als Moderatorin des Musiksenders VIVA vor allem dem jüngeren Publikum ein Begriff, doch seit 2008 kennt sie fast jeder. „Feuchtgebiete", ihr erster Roman, machte sie schlagartig berühmt und in manchen Kreisen auch berüchtigt. Sie schaffte es, in einer Zeit, in der nahezu alle Tabus als gebrochen gelten, dennoch einen veritablen Skandal zu erzeugen. In „Feuchtgebiete" geht es um Ekel vor und Faszination für den eigenen Körper und seine Ausscheidungen, den Umgang mit Sexualität und die Sexualisierung des Körpers; dabei ist der Roman laut Autorin über weite Strecken autobiografisch. Das war für einige definitiv zu viel an Intimitäten. Roche hatte einen Bestseller (mehr als zwei Millionen verkaufte Exemplare) und einen neuen Lieblingsfeind: Die BILD-Zeitung nahm sich des Themas an und stilisierte den Roman zum Skandalbuch. Doch die Autorin lachte zuletzt und landete mit „Schoßgebete" 2011 einen erneuten Bestseller, 2013 kommt schließlich die Verfilmung der „Feuchtgebiete" in die Kinos.

Premiere der Verfilmung von Charlotte Roches Bestseller „Feuchtgebiete" in Berlin (2013).

Götterfunken

Auch wenn die glorreiche Zeit der deutschen Klassik schon ein gutes Stück älter ist als die Bundesrepublik, kann auch die BRD große Könner und populäre Musiker auf diesem Gebiet aufweisen. Einer, der zur Gründung der BRD bereits etwas älter war, ist Paul Hindemith, der sich als Komponist zeitgenössischer und moderner, ernster Musik hervortat und später als Dirigent reüssierte. Nur wenig später als Hindemith geboren, dafür erst in hohem Alter zu Ehren und großer Bekanntheit bis hin zum Bundesverdienstkreuz gekommen, ist der Dirigent Günter Wand, der vor allem in den 70er- und 80er-Jahren mit Arbeiten mit dem WDR Sinfonieorchester Köln und dem NDR Sinfonieorchester für Aufsehen sorgte. Ebenfalls als Komponist und Dirigent wurde Otto Klemperer weltweit bekannt. Er wirkte an der Staatsoper in Budapest, in Montreal (Symphony Orchestra) und in London beim Philharmonia Orchestra, dessen Chefdirigent auf Lebenszeit er 1959 wurde. Kurt Masur wird trotz internationaler Engagements vor allem mit seinem fast 30-jährigen Wirken am Gewandhaus in Leipzig in Verbindung gebracht.

Herbert von Karajan dirigiert 1955 im Konzertsaal der Hochschule der Künste in Berlin.

Stern des Grünen Hügels

Der vielleicht größte Star der heutigen Klassikszene ist Christian Thielemann. Der Dirigent startete unter der Leitung von Herbert von Karajan eine sagenhafte Karriere, die gegenwärtig ihren Zenit zu erreichen scheint. Thielemann gilt weltweit als einer der talentiertesten und besten Interpreten des Wagnerschen Oeuvres, seine Gastspiele auf dem Grünen Hügel in Bayreuth betrachten selbst die anspruchsvollsten Wagnerianer als Highlight.

Anne-Sophie Mutter 2008 in Leipzig.

Christian Thielemann dirigiert die Sächsische Staatskapelle in New York (2013).

Stars der Saiten und Tasten

Als Instrumentalisten sind es vor allem die jüngeren deutschen Musiker, die national und über die Landesgrenzen hinaus für Furore sorgen. Allen voran die Geigerin Anne-Sophie Mutter, die mit dreizehn bei den Salzburger Pfingstkonzerten unter Karajan debütierte. Was folgte, war eine Laufbahn mit weltweiter Anerkennung. Eine Liste ihrer Auszeichnungen würde allein ganze Seiten füllen, die namhaftesten sind ein „Grammy", die Ehrenmitgliedschaft der Royal Academy of Music und der französische Orden „Ritter der Ehrenlegion".

Der Duisburger Violinist Frank Peter Zimmermann wiederum gab bereits 1981 im zarten Alter von sechzehn Jahren sein Debüt mit den Berliner Philharmonikern. Christian Tetzlaff, ebenfalls Violinist und im Jahr 1966 geboren, trat schon in jungen Jahren mit allen bekannten Orchestern Europas auf, unter ihnen die Wiener Philharmoniker und das Tonhalle-Orchester Zürich. Noch jünger ist der Dürener Pianist und Echo-Preisträger Lars Vogt, der nicht nur regelmäßig mit diversen renommierten Sinfonieorchestern wie den New Yorker Philharmonikern, als Solist in der Carnegie Hall oder zusammen mit dem Dirigenten Simon Rattle auftritt, sondern sich hierzulande auch als Gründer des Kammermusikfestivals „Spannungen" verdient gemacht hat.

Aus vollem Hals

Obwohl die Bundesrepublik mit Elisabeth Schwarzkopf, Anja Silja und Brigitte Fassbaender auch Sängerinnen von Weltrang vorweisen kann, glänzen bei den Sangeskünsten vor allem die Männer. Insbesondere an Tenören mangelt es Deutschland nicht, allen voran René Kollo, Peter Schreier, Rudolf Schock und der viel zu früh verstorbene Fritz Wunderlich. Der Bariton Hermann Prey war vielen durch seine Fernsehauftritte ein Begriff, während sein nur wenige Jahre älterer Kollege Dietrich Fischer-Dieskau, der das deutsche Kunstlied wie kein anderer interpretierte, vor allem durch seine unzähligen Bühnenauftritte und Schallplatten bekannt wurde. Mit großem Bedauern nahm die Öffentlichkeit Anfang 2012 die Meldung auf, dass Thomas Quastorff, der wohl profilierteste Baritonsänger der jüngsten Vergangenheit, seine sängerische Laufbahn beenden werde.

Mächtiges Spiel

Nicht wirklich mit Fug und Recht als Klassik-Star darf man wohl den Bundeskanzler a. D. Helmut Schmidt bezeichnen. Gleichwohl ist er einer der bekanntesten Deutschen überhaupt und komponierte, was nur wenige wissen, bereits als 17-Jähriger vierstimmige Sätze zu Kirchenliedern und nahm als Pianist diverse Schallplatten mit klassischer Musik auf. Unter ihnen befindet sich eine bekannte Aufnahme für mehrere Klaviere, die er mit den ebenfalls äußerst populären Pianisten Justus Frantz und Christoph Eschenbach einspielte.

Thomas Quasthoff bei einem Konzert mit seinem Jazz-Programm „Tell it like it is" im Kammermusiksaal der Philharmonie in Berlin, 2010.

Das WDR-Sinfonieorchester und der Pianist Igor Levit eröffnen 2013 in Bochum das Klavier-Festival Ruhr.

Kult in der BRD

Kultobjekte sind Symbole eines bestimmten Lebensgefühls. Man erhebt das Alltägliche, das Schräge oder das aus der Mode Gekommene zum Kult. Oft geht es um eigentlich überflüssige oder – aus heutiger Sicht – lächerliche Dinge der Vergangenheit wie Rubikwürfel, Schlager oder Bonanza-Fahrräder mit Spiegel und Fuchsschwanz. Das gemeinsame Erinnern, das – oft ironische – Zelebrieren verbindet. Alles kann Kult werden!

Opel Manta

Schnittig, sportlich, männlich – das alles sollte das 1970 eingeführte Modell sein, Opels Antwort auf den Ford Capri. Das Coupé galt damals als Sex-Appeal mit Karosserie, zumindest dachten das die Marketingfachleute von Opel. Der Manta war keine biedere Familienlimousine, eher ein Wagen für Junggesellen. Dass der Motor nicht hielt, was die Karosse versprach, merkten die Besitzer meist erst nach dem Kauf. Zu allem Überfluss wurden sie auch noch gesellschaftlich geächtet als Inbegriff von Prolligkeit – das Klischee des Manta-Fahrers hing ihnen über Jahrzehnte nach. Und alles nur, weil Manta-Besitzer nun mal eine Vorliebe fürs Tuning hatten.

Die Currywurst

Die Bundesrepublik war nie eine wirkliche Klassengesellschaft – aber zu den wenigen kulturellen Errungenschaften, mit denen sich das Selbstbewusstsein der Arbeiterklasse zelebrieren ließ, zählte über Jahrzehnte die Currywurst. In der Arbeiterstadt Berlin von der Imbiss-Pionierin Herta Heuwer erfunden, war die „Currywurst mit Pommes rot-weiß" der Inbegriff des Proletariertums. Je mehr die bürgerliche Klasse die Nase rümpfte ob dieses kulinarischen Steinzeitprogramms, desto besser schmeckte sie der ehrlichen Arbeiterhaut. Doch spätestens seit Gerhard Schröder seine Liebe zur Currywurst medienwirksam inszenierte, gilt auch die „Curry rot-weiß" als salonfähig.

Afri-Cola

Das Werbegenie Charles Wilp machte aus der angestaubten deutschen Coca-Cola-Alternative Afri-Cola in den 60er-Jahren im Handumdrehen den Kultdrink schlechthin. „Sexy-mini-super-flower-pop-op-cola – Alles ist in Afri-Cola …" hieß es in den unvergesslichen Werbespots, während sich ekstatische Nonnen hinter beschlagenen Fenstern rekelten. Diese Werbung vergaß man so schnell nicht wieder, fortan war die Afri-Cola so hip wie nie. Nachdem sie vorübergehend von der Bildfläche verschwunden war, spülte die Retrowelle sie in den 2000er-Jahren wieder in die Regale der Supermärkte.

Die großen Fernsehshows der 70er

Es gab nur drei Programme, und abends saß die – meist vierköpfige – Familie zusammen vor dem Fernseher. Während man sich ansonsten grundsätzlich über die Programmauswahl stritt – Papa wollte Western, Mama wollte Schiwago –, waren die großen Fernsehshows landauf, landab Konsensprogramm in den bundesdeutschen

Familien. Ob „Dalli-Dalli" („Und das war ... spitze!"), „Der Große Preis" („Thööööölke!") oder die Shows mit Entertainer-Urgestein Hans-Joachim Kuhlenkampff – die ganze Familie saß gebannt und einträchtig vor dem Fernseher und genoss das bunte Spektakel mit Fernsehballett, Schlager und Comedy-Einlagen.

Prilblumen

Sie waren die bekanntesten Blumen der 70er! Von 1972 bis 1984 wurden die Aufkleber regelmäßig auf den Spülmittelflaschen mitgeliefert, sodass sie nach einigen Jahren in fast jedem Haushalt zu finden waren. Aufgeklebt vornehmlich auf Wandfliesen und Kühlschränken. Und man bekam sie nie mehr ab!

Adidas und Puma

Zwei bundesdeutsche Sportimperien: Die fränkischen Brüder Adolf und Rudolf Dassler führten nach dem Krieg ihre Firmen Adidas und Puma zum ganz großen weltweiten Erfolg. Seitdem gilt vor allem Adidas als Inbegriff des deutschen Sports. Puma geriet zunächst ins Hintertreffen, bis die Firma in den 90er-Jahren dank einer Neuausrichtung wieder Auftrieb gewann. Heute sind die drei Streifen und der Puma Kultmarken und die Unternehmen dahinter bedeutend für unsere Wirtschaft.

Mainzelmännchen

Diese kleinen Gesellen toben seit 1963 munter durch das ZDF, um Werbespots oder Sendungen voneinander abzugrenzen. Mittlerweile existieren in den Archiven des Senders rund 45.000 Einspieler! Das Wort „Mainzelmännchen" ist übrigens eine Zusammensetzung aus Mainz, dem Standort des ZDF, und Heinzelmännchen und bezeichnete laut Erfinder senderintern die besonders eifrigen Mitarbeiter. Auch andere Kanäle etablierten ihre Maskottchen, so der HR mit „Onkel Otto" und der SWR mit „Äffle und Pferdle". „Guunaamd!"

Elektrogeräte von Braun

Braun-Geräte sind nicht einfach Elektrogeräte! Die Produkte der Firma aus dem hessischen Kronberg galten jahrzehntelang als Idealbeispiel des perfekten Designs. Schlicht, elegant, funktional – Braun-Geräte sind Ikonen der Moderne. In den 50er-Jahren wurde das Unternehmen zum internationalen Vorreiter im Bereich des Industriedesigns, und die Produkte entwickelten sich zu heiß begehrten Sammlerobjekten. Besonders die Arbeiten des Firmendesigners Dieter Rams (links) machten Furore, darunter auch der als „Schneewittchensarg" bekannt gewordene weiße Plattenspieler mit dem Acrylglas-Deckel. Allerdings: Die heutigen Produkte der Firma halten dem Vergleich nicht immer stand.

 Werbung kann unglaublich nerven. Und doch bleiben gerade die Klassiker oft im Gedächtnis – die unvergesslichen Kultsprüche, im aktuellen Ranking 2013:

1 **Toyota:** „Nichts ist unmöglich"
2 **HB:** „Wer wird denn gleich in die Luft gehen"
3 **Haribo:** „Haribo macht Kinder froh und Erwachsene ebenso"
4 **Saturn:** „Geiz ist geil"
5 **Meister Proper:** „Meister Proper putzt so sauber, dass man sich drin spiegeln kann"
6 **McDonald's:** „Ich liebe es"
7 **Twix:** „Raider heißt jetzt Twix – sonst ändert sich nix"
8 **MediaMarkt:** „Ich bin doch nicht blöd"
9 **Audi:** „Vorsprung durch Technik"
10 **Volkswagen:** „Das Auto"

Kinder- und Jugendmagazine

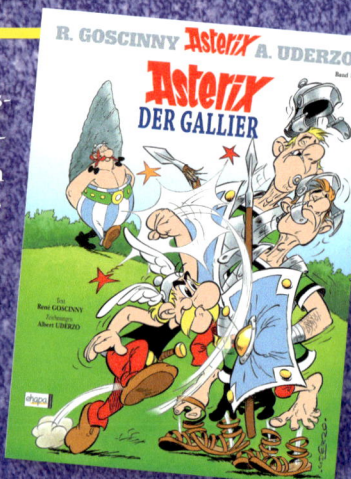

Die beliebtesten Haustiere in bundesdeutschen Kinderzimmern seit den 70er-Jahren? Hamster, Kaninchen, Wellensittiche? Weit gefehlt, es sind natürlich – die Urzeitkrebse! Mehr als 20 Mal lagen die Eier von *Artemia nyos*, die man durch Zugabe von Wasser zum Leben erweckt, der Zeitschrift „Yps" bei. Sie waren das erfolgreichste der Gimmicks, die das Magazin mit dem Känguru im Titel von ähnlich gelagerten Zeitschriften abhoben. Woche für Woche warteten seit 1975 Hunderttausende junger Leser auf Agentenausrüstungen, Springflöhe vom Mars, Trickschiebeschachteln oder Detektivuhren. Und auf die gezeichneten Fortsetzungsabenteuer von „Yinni und Yan", „Hombre" oder „Lucky Luke", denn Comics waren aus „Yps" & Co. nicht wegzudenken.

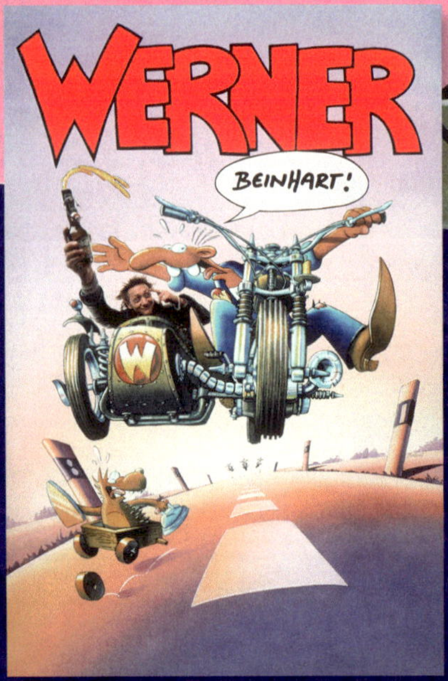

Nur eine entscheidende Hürde mussten die jungen Fans nehmen, und zwar nicht nur die, die „Yps" liebten: das gestrenge Urteil der Eltern. Die sahen den Nachwuchs lieber Klassiker der Jugendliteratur von „Winnetou" bis „Emil und die Detektive" schmökern statt gezeichnetem Comicschund anheimzufallen. Mal ein „Bussi Bär" für die Kleinsten, das war in Ordnung, auch die „Lurchi"-Abenteuer mit dem findigen Feuersalamander passierten die elterliche Qualitätskontrolle – immerhin waren die Texte in den Heftchen gereimt. Dass Lurchi eine Werbefigur der Firma Salamander in Kornwestheim war, spielte dabei keine Rolle, genau wie „Medi & Zini", das junge Magazin aus der Apotheke, oder „Knax", die Comicfiguren der Sparkasse, Werbeträger waren. Hier gab's zwischen den Comicbeiträgen immer auch etwas zu lernen, so wie bei naturkundlichen Zeitschriften wie etwa „Der kleine Tierfreund". Aber schon die „Fix und Foxi"- Bände wurden im Zweifel von Mama oder Papa konfisziert, obwohl ihr Erfinder Rolf Kauka seine beiden aufgeweckten Helden als engagierte und hilfsbereite Iden-

tifikationsfiguren anlegte. Von den 50er- bis in die 80er-Jahre hinein verrieten die Zahlen allerdings, dass jede Woche bis zu 400.000 Kinder ihr Taschengeld in den Kiosk schmuggelten, um zu erfahren, wie es mit den beiden belatzhosten Füchsen, mit dem Taugenichts Lupo und der kuchenbackenden Oma Eusebia weiterging.

Manchmal passierten „Asterix"-, „Lucky Luke"- oder „Micky Maus"-Hefte die elterliche Zensur, Magazine wie „Zack" oder Comics aus dem Hause Bastei wie „Bessy", „Silberpfeil", „Andy Morgan" oder „Wastl" hatten es da schon deutlich schwerer. Ebenso die voll anarchischem Humor steckenden „Werner"-Bücher von Rötger Feldmann. Ein echter Stein des Anstoßes aber war die „Bravo", das deutsche Jugendmagazin mit Spitzenauflagen von bis zu 1,8 Millionen Exemplaren: Als Schmuddelblättchen von der Elternfraktion verachtet, war es für alle 10- bis 13-Jährigen in Sachen Sexualaufklärung und Lebensfragen unverzichtbar, um die Pubertät zu überstehen. An den lebensgroßen „Village People"-Starschnitt von 1979 allerdings erinnert man sich dann im reiferen Alter doch nur noch mit Grausen. Ganz anders dagegen die „Yps"-Fans, heute zwischen 30 und 45 Jahre alt. Die hatten offensichtlich nur auf die 2012 erfolgte Wiederbelebung des legendären Magazins gewartet: Nach zwei Tagen waren die 120.000 Exemplare der Startauflage praktisch vergriffen. Als Gimmick dabei – natürlich die Urzeitkrebse!

Kinder- und Jugendzeitschriften der DDR

Die Kinder- und Jugendzeitschriften der DDR erschienen im Auftrag oder unter den wachsamen Augen von Jugendorganisationen und anderen Staatsorganen. Nicht anders als in westlichen Kinder- und Jugendzimmern waren Comics der begehrteste Lesestoff. In Magazinen wie „Frösi", „Trommel", „Für Dich" oder „Freie Welt" wurden die „Bildergeschichten" ab den 70er-Jahren zum festen Bestandteil. Reine Comicmagazine waren dagegen „Atze" und „Mosaik", letzteres hat bis heute überlebt. Und mit ihm die wohl bekanntesten Comichelden der DDR, die „Abrafaxe", die „Digedags" und „Fix und Fax".

Kinderfernsehen

Urmel aus dem Eis in der Augsburger Puppenkiste.

Die Sendung mit der Maus.

„Kinder, geht raus, spielen. Es ist so schönes Wetter!" – „Ach neee, wir wollen Kinderstunde sehen ..." Es gibt wohl niemanden, der zwischen 1951 und 1980 groß wurde und der sich nicht an einen ähnlichen Dialog erinnern kann. Im Garten die ewig gleichen Spiele spielen statt Fernsehabenteuer zu bestehen? Nur Erwachsene konnten auf eine solche Idee kommen! Wobei die „Kinderstunde" im Lauf der Jahre für alles stand, was der Nachwuchs gerne nachmittags im Familienflimmerkasten sehen wollte – mit der gleichnamigen Sendereihe von 1951, der ersten für Kinder im deutschen Fernsehen, hatte sie nichts mehr zu tun. Spätestens seit Mitte der 60er-Jahre, als sich bei der ARD und beim 1963 gegründeten ZDF ein neuer Gedanke durchzusetzen begann: Kinderfernsehen soll lehrreich und pädagogisch wertvoll sein, aber es soll – und darf – auch einfach nur unterhalten, verzaubern, fantastisch sein.

1959 schufen sowohl die ARD als auch der ostdeutsche DFF jeweils ihr eigenes Sandmännchen. Erfunden wurde es für die ARD, aber beim DFF ging es zuerst auf Sendung. Die ARD schickte das West-Sandmännchen 1989 in den Ruhestand.

Bernd das Brot.

Peter Lustig in Löwenzahn.

Die Zeit war reif für neue, ureigene TV-Helden. Sie hießen „Kleiner König Kallewirsch" und tanzten an den Fäden der Augsburger Puppenkiste, brachten als „Sandmännchen" die Kleinsten zu Bett oder erklärten, wie „Der Spatz vom Wallraffplatz", das Medium Fernsehen. Und das fröhlich gekrähte „Biddeschöööööhhhn" des frechen Hasen Cäsar, der gemeinsam mit seinem Freund Arno in „Schlager für Schlappohren" den Musikgeschmack einer ganzen Generation prägte, hallt bis heute unvergessen nach. In den 70ern, den goldenen Jahren des Kinderfernsehens, tanzten die Puppen an jeder Ecke. Sie hießen Plumpaquatsch und waren zaubernde Wassermänner, fuhren im knallroten Kli-Kla-Klawitter-Bus, trieben ihre Späße mit Lilo Pulver in der „Sesamstraße", reisten im Fliewatüüt bis zum Nordpol und provozierten als Ratz und Rübe in der antiautoritär geprägten „Rappelkiste" Kritik von konservativer Seite. Dass Puppen bis heute Potential haben, beweisen der freche Rabe Rudi in „Siebenstein" und das griesgrämigste Backwerk der Welt: „Bernd, das Brot" ist vor allem bei den Großen ein Star – obwohl es seine obermiese Laune im KiKA auslebt, dem 1997 ins Leben gerufenen Kinderkanal von ARD und ZDF.

Überhaupt, Mama, Papa und das Kinderfernsehen – schon immer eine zwiespältige Beziehung. Denn die „Sendung mit der Maus", zusammen mit „Löwenzahn" wohl der Klassiker des deutschen Kinderfernsehens, ist sogar für Kinderlose Pflichtprogramm – sonst wüsste ja keiner, wie die Zahnpastastreifen in die Tube kommen. Kinderserien wie „Die Vorstadtkrokodile", „Die rote Zora", „Neues aus Uhlenbusch" oder „TKKG" lockten in den 80ern auch die Großen vor die Glotze. Ganz zu schweigen von den ganz großen TV-Ereignissen in der Kinderwelt, den Weihnachtsserien. „Timm Thaler", „Patrick Pacard", „Anna" oder „Silas": Nicht nur mit ihrer Einstellung Anfang der 90er verlor das Kinderfernsehen viel von seiner Originalität. Die Sehgewohnheiten, so hieß es, hätten sich – auch wegen des Sendestarts der privaten TV-Sender 1984 – geändert. Was bleibt, ist der Zauber der Klassiker – auch in der x-ten Wiederholung.

Das Krümelmonster aus der Sesamstraße.

Lilo Pulver mit Samson und Tiffy in der Sesamstraße.

Die Schlagerseligkeit der 70er

Conny
Froboess.

Nach Ende des Zweiten Weltkrieges schlug in Deutschland nicht nur politisch und wirtschaftlich die Stunde null. Auch der deutsche Kulturbetrieb musste sich wieder wie Phoenix aus der Asche erheben. Ein Umstand, der auch die populäre Musik nachhaltig betraf, waren doch weder die Alliierten noch die Deutschen selbst willig, die musikalischen Helden der Nazizeit wieder zu Wort kommen zu lassen. Ebenso unmöglich war die Rückkehr zu den Klängen der Weimarer Zeit, deren meist jüdische Komponisten und Stars emigriert oder durch die Nationalsozialisten ermordet worden waren. Dennoch wussten sich die Bundesdeutschen zu helfen; sie erfanden eine Musikform von ungeahnter Haltbarkeit: den deutschen Schlager.

Kleines Schwesterlein

Nach den Gräueln der Kriegstage dürstet es die Deutschen nach guter Laune und Vergessen. Die 8-jährige Conny Froboess liefert hierfür 1951 den perfekten Soundtrack. Ihr Titel „Pack die Badehose ein" ist eingängig, flott und ohne jede zweideutige Aussage. Bald schon reicht den Deutschen der Wannsee nicht mehr, um ihre Gelüste nach Urlaub zu befriedigen – Songs über Fernweh und ferne Länder kommen in Mode, darunter die Schlager Caterina Valentes oder die des singenden Seebären Freddy Quinn.

Wenn die Conny mit dem Peter

Das Jahr 1955 geht auch am deutschen Schlager nicht spurlos vorüber: Nachdem in den USA der King dem Rock 'n' Roll aus der Wiege geholfen hat, will man auch hierzulande den Sound des King spielen; Ted Herold oder Peter Kraus sind schnell die ersten bundesdeutschen Teen-Idole und trotz ihres Strahlemann-Images immer noch unangepasst genug, um den Eltern der Kriegsgeneration das Fürchten zu lehren. „Badehosen-Conny" gibt mit Peter Kraus 1959 das erste Schlagertraumpaar der deutschen Geschichte.

Marmor, Stein und Drafi

Mit Drafi Deutscher scheint der deutsche Schlager 1964 eine Antwort auf den englischen Beat gefunden zu haben. Der Berliner trägt lange Haare und enge Hosen, gibt der arrivierten Klatschpresse freche Antworten und meidet Stehempfänge mit dem Establishment. Doch Letzteres sitzt am längeren Hebel: Erst boykottieren bayerische Radiostationen seinen Hit „Marmor, Stein und Eisen bricht" (1966), dann dichtet ihm die BILD-Zeitung unsittliche Vergehen an Jugendlichen an. Der Schuss sitzt: Im Sommer 1967 ist Drafi Deutscher bundesweit geächtet, erst 1983 wird er mit dem Titel „Guardian Angel" („Jenseits von Eden") wieder in die deutsche Schlagerarena zurückkehren.

Dieter Thomas Heck.

Drafi Deutscher.

Andrea Berg.

Peter Kraus.

Roy Black bei der „Gala der Schallplatte", Berlin 1971.

Samstagabend 18 Uhr 50 und 15 Sekunden …

Am 18. Januar 1969 geht die „Hitparade" mit ihrem Moderator Dieter Thomas Heck im ZDF erstmals auf Sendung. Als wären Studentenunruhen, Ölkrise oder die Terrorakte der RAF gar nicht da, darf sich der deutsche Schlager hier allsamstäglich als musikalisches Sinnbild des bundesdeutschen Nachkriegstraums von Unbeschwertheit und ewiger Freude feiern lassen. Unter den scharfen Tenorsalven des Moderators sieht man Schlagersterne wie Chris Roberts, Bernd Clüver, Lena Valaitis oder Jürgen Marcus am Himmel aufgehen und wieder verschwinden, sieht man sich Sänger wie Katja Ebstein, Michael Holm oder Udo Jürgens zu langlebigen Künstlern mausern. Erst als Anfang der Achtziger NDW-Stars wie Trio oder Nena die Hitparade mit hedonistischer Respektlosigkeit aufmischen, hat es sich ausgeheckt: Am 15. Dezember 1984 reicht der Moderator das Mikrophon enthervt an den blassen Viktor Worms weiter, die große Ära des deutschen Schlagers ist endgültig zu Ende.

Ganz in Schwarz

Nach Abklingen der Schlagerwelle Mitte der Achtziger müssen viele der einstigen Stars Ochsentouren durch Bierzelte, Seebä-

der und Baumärkte auf sich nehmen, um nicht ganz der Vergessenheit anheimzufallen. Einige Künstler ertragen diese Demütigung nicht. Roy Black, der zeitlebens eigentlich von einer Karriere als Rock-and-Roll-Sänger träumte, stirbt im Oktober 1991 von Schlafmitteln und Alkohol betäubt an Herzversagen. Rex Gildo, vom Misserfolg depressiv, stürzt im Oktober 1999 unter ungeklärten Umständen aus dem Toilettenfenster seiner Münchner Wohnung.

Melodien für Millionen

Die goldene Ära des Deutschen Schlagers scheint vorbei, doch kommerziell gesehen ist das Genre heute lebendiger denn je. Schlagerstars der jüngeren Generation kommen zwar nicht mehr in die „Bravo", doch feiern sie mit ihren Alben und Auftritten vor einem treuen Publikum Erfolge, von denen andere deutsche Popmusiker nur träumen können. Darunter Sängerinnen wie Andrea Berg, Michelle oder Helene Fischer oder volksmusikorientierte Topstars wie Marianne & Michael oder Hansi Hinterseer. Und diverse Retro-Wellen bringen auch die Heroen der 70er-Jahre immer wieder ins Rampenlicht.

Der Kult um die Volksmusik

Generalprobe der ARD-Show
„Musikantenstadl" am 5. April 2013.

„Herzilein, du musst nicht traurig sein ..." tönt es in der Schlagerscheune. Auf der Bühne stehen zwei beleibte Herren und schwingen ihre Bäuche zur Melodie. Die „Wildecker Herzbuben" verbreiten Trost und gute Laune. Das Publikum vergisst für die Veranstaltungsdauer den Alltag, um sich glückselig im Takt zu wiegen, Arm in Arm mit dem Sitznachbarn.

Einst galten traditionelle Lieder spezieller Regionen als Volksmusik, gespielt auf ebenso traditionellen Instrumenten. Im Laufe der Jahre wurden die Grenzen zwischen dieser eigentlichen Volksmusik und dem Schlager fließend, es entstand das neue Genre der heutigen Volksmusik. Dem Erfolgsprinzip „einfache Melodien und Texte" verpflichtet, macht die Branche in diesem Segment in erster Linie Rekordumsätze mit der Zielgruppe der sogenannten Silver Ager. Da ist es ein Leichtes, dem Publikum die heile Welt zu präsentieren. Singende Ehepaare sind auf den Volksmusikbühnen immer gern gesehen und

versichern unermüdlich, dass sie ja auch ganz normale Menschen seien, wie du und ich. Musizierende Geschwister stehen für ewige Familienbande, und auch die Einbindung von Natur und Landschaft ist ein wichtiger Erfolgsfaktor. Volksmusikveranstaltungen füllen riesige Hallen, und selbst hochbetagte Fans träumen davon, die Freude und Frohsinn ausstrahlenden Stars hautnah erleben zu dürfen. Für das Wecken dieser Gefühle sammeln die Interpreten Gold und Platinauszeichnungen.

Fernsehsendungen wie „Musikantenstadl", „Willkommen bei Carmen Nebel", „Grand Prix der Volksmusik" oder „Frühjahrsfest der Volksmusik" sind feste Termine für die Anhänger dieses Genres; sie präsentieren regelmäßig Interpreten wie Marianne und Michael, Stefanie Hertel, die Kastelruther Spatzen, die Amigos, Stefan Mross oder Florian Silbereisen. Für manchen mag es tröstlich sein: Die Volksmusiker sterben nicht aus. Deutschland sehnt sich nach einer heilen Welt – ein zeitloses Streben.

Maria Hellwig

(* 1920, † 2010) verkörperte die Volksmusik wie keine andere. Zusammen mit ihrer Tochter Margot erfreute sie die Fans musikalisch, stets im Dirndl, bis zu ihrem Tod 2010. 1998 verlieh man ihr die „Krone der Volksmusik" für ihr Lebenswerk.

Heino

(* 1938) ist eine der größten volksmusikalischen Ikonen; er singt Volkstümliches, Schlager und neuerdings sogar Rock-Klassiker. Seine Karriere begann Mitte der 60er-Jahre: In der Zeit der 68er wurde er zum Inbegriff des Konservativen. Der Bariton entwickelte sich mit seinen blonden Haaren und der allgegenwärtigen Sonnenbrille regelrecht zu einer Marke. Kaum ein Musiker erreicht in Deutschland einen höheren Bekanntheitsgrad.

Patrick Lindner

(* 1960) Lindner, der bürgerlich Friedrich Raab heißt, stieg Ende der 80er-Jahre zu einem der größten Stars der Volksmusik auf. Lindner singt sowohl Schlager als auch Volkstümliches, in bayrischer Mundart wie auf Hochdeutsch. 1992 outete Rosa von Praunheim Lindner als homosexuell, was dessen großer Popularität keinerlei Abbruch tat. Dies war auch deshalb überraschend, weil das Volksmusik-Genre traditionell als sehr konservativ gilt. 2008 veröffentlichte er seine Autobiografie.

Helene Fischer

(* 1984) begann ihre Karriere 2005 in der Sendung „Hochzeitsfest der Volksmusik". 2006 veröffentlichte sie ihr erstes Album, und seitdem ist sie regelmäßig in den Charts ganz oben zu finden. Sie erweitert das volksmusikalische Spektrum allerdings auch als Tänzerin, Moderatorin und Entertainerin. Im Jahr 2012 erhielt sie die Goldene Kamera in der Kategorie „Beste Musik National".

Einschalten!

TV-Stars

Die deutsche Medienlandschaft wurde viele Jahre maßgeblich durch das Fernsehen geprägt. Seit den Anfängen des deutschen Fernsehens bieten Spiel- oder Quizshows, später dann auch Casting- oder Talkshows Unterhaltung für die ganze Familie. Die erste Spielshow, „1 : 0 für Sie", wurde von Peter Frankenfeld moderiert. Beliebte Fernsehshows wie beispielsweise „Einer wird gewinnen" (ARD, 1964-1969 sowie 1979-1987) und „Der goldene Schuss" (ZDF, 1964–1970) boten am Samstagabend zur Prime Time einen bunten Mix aus Spaß, Spiel und Musik und versammelten Jung und Alt vor den TV-Geräten. In diesen Jahren waren bei zunächst nur drei Programmen und der Neuartigkeit des Angebots die Popularität des Moderators und die Quote garantiert. Und so entwickelten sich große Karrieren. Mit der zunehmenden Vielfalt an TV-Programmen und und neuen Formaten, wie Casting- und Talkshows, wird die Profilierung der Entertainer immer schwieriger. Einer, der es geschafft hat, ist Günther Jauch mit „Wer wird Millionär?".

Thomas Gottschalk

(* 1950) Seit 1976 in einem bunten Spektrum von TV-Sendungen hauptsächlich als Moderator unterwegs, erlangte er wohl mit der Familiensendung „Wetten, dass ...?", die er von 1987 bis 2011 moderierte, größte Popularität. Seine spontane, lockere Art und seine gewagten Outfits machten die Show zu einer der beliebtesten im deutschsprachigen Raum. Zahlreiche Auszeichnungen dokumentieren seine erfolgreiche Karriere.

Heinz Erhardt

(1909–1979) In den 50er- und 60er-Jahren war Heinz Erhardt der unangefochtene König des deutschen Humors, im TV und im Kino ebenso wie im Theater. Selbst in Abenteuerfilmen wie „Der Ölprinz" (1965) war Platz für eine Erhardt-Rolle, so populär war er. Kaum eine Fernsehshow kam ohne ihn aus. Sein Repertoire reichte von Klamauk bis hin zu intelligentem Wortwitz à la Ringelnatz. Erhardt, der eigentlich Musiker war, verlieh der Wirtschaftswunder-Gesellschaft eine selbstironische, liebenswürdige Note.

Dagmar Berghoff

(* 1943) Die Fernsehmoderatorin und gelernte Schauspielerin ging als erste weibliche Tagesschausprecherin in die Fernsehgeschichte ein. Von 1976 bis 1999 las sie die Nachrichten, ab 1995 war sie Chefsprecherin der ARD-Nachrichtensendung. Als „Miss Tagesschau" stand sie unangefochten für Seriosität und Disziplin. Sendungen wie beispielsweise das ARD-Wunschkonzert präsentierte sie mit Stil und Eleganz.

Dieter Thomas Heck

(* 1937) Nachdem seine Karriere 1959 beim Radio eher durch Zufall begonnen hatte, schaffte er schnell den Sprung ins Fernsehen, wo er als Moderator, Showmaster und Entertainer das Fernsehpublikum begeisterte. Von 1969 bis 1984 war er mit der „ZDF-Hitparade", für die er 1971 als beste Sendung für junge Leute die „Goldene Kamera" erhielt, eine feste Institution in deutschen Wohnzimmern. Legendär war sein temporeiches Verlesen des Abspanns der wichtigsten Musiksendung für den deutschen Schlager der 70er- und 80er-Jahre.

Ernie und Bert

Geboren in den USA, eroberten die beiden Muppets 1973 auch das deutsche Fernsehpublikum. Eingebunden in die „Sesamstraße", revolutionierten sie im Zusammenspiel mit anderen Handpuppen und realen Schauspielern das deutsche Kinderfernsehen. In kleinen Sketchen vermitteln sie Kindern im Vorschulalter profundes Wissen und soziale Kompetenz. Ernie – unbefangen, laut und nervig, mit krächzendem Kichern – und Bert, erwachsen und etwas langweilig, spielen sich die Bälle zu und sind trotz aller Unterschiede beste Freunde. Wenn die Erkennungsmelodie „Der, die, das … wer, wie, was – wieso, weshalb, warum, wer nicht fragt, bleibt dumm" erklingt, versammelt sich das junge Publikum seit nunmehr 40 Jahren zur fröhlichen Unterhaltung.

Peter Frankenfeld

(1913–1979) Er war das Urgestein der deutschen Fernsehunterhaltung, moderierte die erste deutsche Spielshow, bescherte dem ZDF mit „Vergißmeinnicht" einen der größten Quoten-Renner und avancierte zur beliebtesten TV-Persönlichkeit der Adenauer-Ära. Berühmt war auch Frankenfelds Fähigkeit, alle erdenklichen deutschen Dialekte perfekt zu imitieren; legendär waren seine enormen Gagen. In den 70er-Jahren begann sein Stern allmählich zu sinken.

Stefan Raab

(* 1966) Der Tausendsassa und Adolf-Grimme-Preisträger hat seit den 90er-Jahren die deutsche TV-Landschaft gründlich auf den Kopf gestellt. Ob als Moderator, Entertainer, Produzent oder als Musiker – Raab ist kaum zu stoppen. Er schaffte es sogar, der deutschen Beteiligung am Eurovision Song Contest eine Frischzellenkur zu verpassen; gekrönt wurde dieses Engagement mit dem Sieg von Lenas „Satellite", an dem Raab federführend beteiligt war.

Humor

Wum und Wendelin waren
Loriots berühmteste
Schöpfungen.

„Deutscher Humor ist ein Schlankmacher, man muss meilenweit laufen, bis man ihn trifft", meint Komiker Dieter Hallervorden, und auch im angloamerikanischen Raum gilt der Deutsche traditionell als humorlos. Dennoch gab es im Verlauf der bundesrepublikanischen Geschichte für das Publikum am Bildschirm oder auf der Bühne säckevoll zu lachen.

Die Hälfte war ausgemacht

Neunhundertunddreißig Spielminuten haben die kompletten audiovisuellen Werke Loriots aus 40 Jahren Schaffenszeit, und die meisten der darin gesprochenen Worte gehören heute zum zitierfähigen Alltagsdeutsch. Seine populärsten Sketche „Auf der Rennbahn" (1972), „Das Ei" (1977) und „Herren im Bad" (1978) kann ein guter Teil der Bundesbürger flüssig mitsprechen. Dass Loriot zudem der einzige deutsche Komiker ist, auf den sich Jung und Alt und gelegentlich sogar Vertreter fremder Nationen einigen können, macht ihn zum unbestrittenen König des Genres. Loriot, bürgerlich Bernhard-Viktor Christoph-Carl von Bülow, starb am 22. August 2011 mit 87 Jahren an Altersschwäche; das Datum gilt seitdem als Trauertrag für den deutschen Humor.

Witzigkeit kennt keine Grenzen

Manche deutsche Komiker spielen Sketche, andere moderieren Shows, singen oder schreiben Bücher – wieder andere können alles auf einmal. Hierzu gehörte bis in die 70er-Jahre vor allem Heinz Erhardt. Der ehemalige Frontkabarettist moderierte 1946 seine erste Sendung „So was Dummes" und nahm die Herzen der Deutschen im Sturm. Tourneen, Kinofilme und Bücher folgten, bis 1971 ein Schlaganfall seiner aktiven Karriere ein Ende setzte. Wenige Tage vor seinem Tod am 5. Juni 1979 erhielt Heinz Erhardt das Bundesverdienstkreuz. Ähnliche Allrounder-Qualitäten entfaltet seit Mitte der 80er-Jahre erst wieder der Recklinghausener Hape Kerkeling; erst in konservativen Kreisen für seine subversive Art kritisch beäugt, trägt man dem Komiker der Nation später zweimal die Moderation des deutschen Showheiligtums „Wetten, dass ...?" an. Kerkeling lehnt ab und feiert lieber Film-, Musical- und Bucherfolge am laufenden Band.

O wie ...

1973 trifft der erfolglose Emdener Komödiant Otto Waalkes auf Robert Gernhardt, seines Zeichens Humorist beim deutschen Satiremagazin Pardon: Das Ergebnis hat vier Buchstaben – „Otto" wird fortan zum Synonym eines neuen deutschen Humors, der sich ungewohnt minimalistisch, respektlos, infantil und innovativ präsentiert. Elf Fernsehshows, neun Alben, zwei Bücher und vier Filme erscheinen bis 1992, danach will dem Ostfriesen nichts Rechtes mehr einfallen. Weiter macht der heute 65-jährige Otto trotzdem und füllt Stadien und Kinosäle bis zum jüngsten Tag. Aller Unfug ist eben doch nicht schwer.

Ne Flasche Pommfritt

Lachen ist Trumpf in den Siebzigern, Garanten für den Erfolg sind die humoreske Ausschlachtung der neuen offenen Sexmoral oder der Rückgriff auf Slapstick-Pointen von Anno Dutze. Ergebnis dieser einmaligen Liaison sind Fernsehformate wie „Klimbim" (1973–1979), „Sketchup" (1984–1986) oder Dieter Hallervordens „Nonstop Nonsens" (1975–1980), dessen „gespielter Witz" am Ende jeder Sendung von Jung und Alt mit Sehnsucht erwartet wird: „Ich hätte gerne ne Flasche Pommfritt!"

Herren, Häschen und Blondinen

Der klassische Witz hat in Deutschland Tradition und darf gerne mit dem Satz „Kommt ein Mann in die Kneipe ..." beginnen. Hat man die richtige Pointe im Gepäck und die nötige Ausdauer, kann man damit sogar berühmt werden – wie das norddeutsche Original Fips Asmussen, der seit knapp fünf Jahrzehnten mit „Witz mit Fips" über deutsche Bühnen spukt. Bis in die Achtziger gehörten aber auch anonyme Witzsammlungen auf Schallplatte und Musikkassette zum guten Ton im holzvertäfelten Partykellern, munter geht es hier ganz nach Trend vom Herrenwitz über den Soldatenwitz bis zum Häschenwitz, eine Tradition, die heute nur noch berufene Blondinenwitzerzähler am Stammtisch fortführen.

Loriot mit Lieblingspartnerin
Evelyn Hamann.

Sternstunden des deutschen Humors:
Dieter Hallervorden mit Frank Lüdecke, Otto,
Dieter Nuhr, Iris Berben mit Diether Krebs.

Der Quatsch Comedy Club feierte 2012 sein 20-jähriges Jubiläum.

Stand up and be funny!

Es begann 1992 im Hamburger Quatsch Comedy Club, heute ist die Stand-up-Comedy nicht mehr aus dem deutschen Kollektivbe-
wusstsein wegzudenken. Deutsche Stand-up-Comedians, darunter Rüdiger Hoffmann, Dieter Nuhr, Michael Mittermeier, Mario Barth,
Atze Schröder oder Cindy aus Marzahn, füllen Hallen, oft ganze Stadien. Anders als die US-amerikanischen Vorbilder kommen deutsche
Comedians allerdings selten ohne Accessoires wie witzige Perücken, lustige Hüte, große Brillen, zu kleine oder grelle Kleidung aus. Die
Angst, nicht als Comedian erkannt zu werden, ist den Deutschen eben eingeimpft.

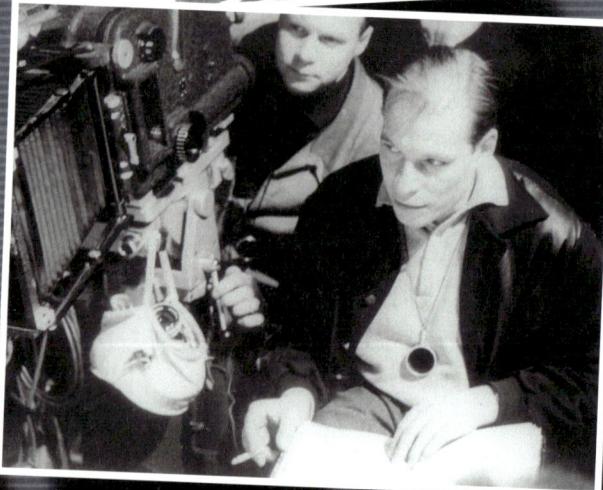

Autor Wolfgang Menge (oben) und Regisseur Jürgen Roland (unten): zwei der wichtigsten Köpfe hinter der Serie „Stahlnetz".

Ein Straßenfeger war „Stahlnetz" übrigens nicht nur in der BRD, in der DDR begingen die Zuschauer reihenweise fernsehtechnische Westflucht. Im Arbeiter- und Bauernstaat konterte man daraufhin mit einer Eigenproduktion namens „Blaulicht". Dasselbe wiederholte sich, als der „Tatort" ein Publikumsrenner wurde: Die Ostausgabe hieß „Polizeiruf 110" – und gehört heute noch zu den beliebtesten Krimireihen des deutschen Fernsehens.

Verbrechen zahlt sich eben doch aus. Zumindest für die deutschen TV-Sender. Kein Tag, an dem nicht getrickst, gestohlen, geraubt oder gar gemordet wird. Und selbst wenn man die unzähligen Formate aus dem Ausland unberücksichtigt lässt, gibt es noch genügend hausgemachtes kriminelles Potenzial. Mord und Totschlag, frisch aus deutschen Landen, ein Rezept, das funktioniert, seit Jürgen Roland mit „Stahlnetz" 1958 zum Serientäter in Sachen fiktiver Kriminalität wurde. Fiktiv? Roland arbeitete reale Kriminalfälle dramaturgisch auf – und der Begriff „Straßenfeger" war geboren: So gut wie kein Zuschauer wollte auch nur eine der 22 Folgen verpassen. Ebenso erfolgreich waren die ARD-Sechsteiler nach Büchern von Francis Durbridge; „Das Halstuch" etwa fesselte 1962 nicht weniger als 89 % der Zuschauer an die Bildschirme. Und als der Kabarettist Wolfgang Neuss einen Tag vor Ausstrahlung der letzten Folge in einer Zeitungsanzeige den Namen des Mörders verriet, bezeichnete die BILD-Zeitung ihn als „Vaterlandsverräter".

Verrat lohnte sich also nicht, Verbrechen schon. In den 60ern gingen Dutzende von Krimiserien und -reihen auf Sendung, darunter solche Perlen wie „Die seltsamen Methoden des Franz Josef Wanninger" oder „Graf Yoster gibt sich die Ehre". Dann landeten die beiden TV-Sender im Abstand von knapp 24 Monaten zwei echte Coups: „Der Kommissar" mit Erik Ode, ab Januar 1969 im ZDF, wurde zur Blaupause für alle erfolgreichen deutschen Ermittler von „Der Alte" bis „Wolffs Revier". Und der Ende 1970 gestartete „Tatort" wurde für die ARD zu einer unendlichen Erfolgsgeschichte: Bald mehr als 900 Mal machten sich bis heute die Fahnder von Bremen bis München, von Stuttgart bis Leipzig auf, böse Buben (und Mädels) dingfest zu machen. Die 90-Minüter waren realistischer, brutaler, sozialkritischer und näher an der großen Leinwand als alles, was je zuvor im Pantoffelkino gelaufen war – und sie schufen 1981 einen neuen Typus Kommissar: Götz Georges Proletenermittler Schimanski wird fast schon kultisch verehrt. Ganz ähnlich, wenn auch um Welten gediegener und konservativer, erging es dem ZDF-Kollegen „Derrick", der von 1974 bis 1998, mit abgeklärtem Blick und sonorer Stimme, nach den dunklen Flecken auf der weißen Weste von Münchens besseren Kreisen fahndete. Ein Krimi-Monolith des deutschen Fernsehens ist auch er, selbst wenn Horst Tappert alias Derrick den Satz „Harry, hol schon mal den Wagen" nie gesagt hat.

Dieter Borsche und Heinz Drache im Sechsteiler „Das Halstuch".

Seit den 90er-Jahren mischen auch die Privatsender kräftig mit bei der Jagd auf Dunkelmänner. Das Genre wurde explosiver („Alarm für Cobra 11"), lebensnaher („Abschnitt 40", „KDD"), klamaukiger („Der Bulle von Tölz", „Mord mit Aussicht"), härter („Nachtschicht"), italienischer („Donna Leon"), kumpelhafter („Ein Fall für zwei"), tierischer („Kommissar Rex"). Jetzt ermittelten Frauenteams („Das Duo", „Doppelter Einsatz"), man liebte gleichgeschlechtlich („Mit Herz und Handschellen") oder trat in großen Teams auf („SOKO"). 1994 stiegen gleich drei große deutsche Darstellerinnen ins Krimireihengeschäft ein: Hannelore Hoger als „Bella Block", Iris Berben als „Rosa Roth" und Hannelore Elsner schlicht als „Die Kommissarin", während Corinna Harfouch in „Blond: Eva Blond!" (2002–2006) wohl eine der liebenswert-schrägsten Verbrechensbekämpferinnen aller Zeiten verkörperte. Den letzten großen Krimi-Coup landete SAT.1: Mit „Der letzte Bulle" etablierte der Münchner Privatsender einen Schimanski des 21. Jahrhunderts – mit mindestens so viel Herz und Macho-Gehabe.

Legendär: Götz George als Schimanski (oben), Ottfried Fischer als „Bulle von Tölz" (Mitte) und das Derrick-Duo Horst Tappert und Fritz Wepper.

Filmstars

Mario Adorf

Er ist vielleicht das berühmteste Kind der Eifel (geboren wurde er allerdings in Zürich) und seit einem halben Jahrhundert ein Star. Robert Siodmaks Thriller „Nachts, wenn der Teufel kam" machte ihn 1957 berühmt, seitdem gehört Mario Adorf zu den beliebtesten und vielleicht auch besten Schauspielern der Republik, im Film ebenso wie im Theater und TV. Stil- und Zeitenwechsel überstand er mühelos, von Winnetou zu Fassbinder reicht die Bandbreite seiner Filme. Ganz nebenbei pflegt Adorf, der einen italienischen Vater hatte, eine Karriere im italienischen Film; ab und zu gastiert er in internationalen Produktionen – allerdings war er so unklug, Rollen in Coppolas „Der Pate" und Peckinpahs „The Wild Bunch" abzulehnen. Der mittlerweile mit Ehrungen überhäufte Schauspieler ist inzwischen auch profilierter Buchautor.

Heinz Rühmann

Rühmann gehörte zu den Stars, denen der Übergang vom Dritten Reich zur Bundesrepublik mühelos gelang. Bereits in der Weimarer Republik feierte er Erfolge, im Faschismus war er begünstigter „Staatsschauspieler", und nach einigen Misserfolgen in der Nachkriegszeit fand Rühmann in den 50er-Jahren wieder zu seiner früheren Popularität zurück. Unter der Regie von Helmut Käutner spielte er den „Hauptmann von Köpenick", einen seiner größten Kinoerfolge. Er wechselte mühelos zwischen leichten Komödien („Die Feuerzangenbowle", „Charleys Tante") und ernsten Themen („Es geschah am hellichten Tag"). In den 60er-Jahren waren Rühmanns Pater-Braun-Filme besonders erfolgreich, auch wenn seine Filmkarriere allmählich zu Ende ging. Er galt nun als Inbegriff des verhassten „Großvaters Kino", das vom Neuen Deutschen Film endgültig verdrängt wurde. Ironie der Geschichte: Rühmann spielte seine letzte Kinorolle 1993 im Alter von 91 Jahren ausgerechnet in einem Film von Wim Wenders, einem Hauptvertreter des Neuen Deutschen Films: „In weiter Ferne, so nah".

Romy Schneider und Helmut Berger in Luchino Viscontis „Ludwig II".

Heinz Rühmann als Schuster Wilhelm Voigt, der „Hauptmann von Köpenick", in dem gleichnamigen Spielfilm von 1956.

Romy Schneider

Kaum eine Schauspielerin verkörpert die Höhen und Tiefen der deutschen und deutschsprachigen Filmgeschichte so tragisch wie Romy Schneider. 1938 in Wien als Tochter eines deutsch-österreichischen Schauspielerpaares geboren, gab sie 1953 im Heimatfilm „Wenn der weiße Flieder wieder blüht" ihr Kinodebut an der Seite ihrer Mutter Magda Schneider. Zwei Jahre später nahm sie die Rolle an, die sich – zumindest in den deutschsprachigen Ländern – als Fluch für sie erweisen sollte: Sissi alias Elisabeth, Kaiserin von Österreich-Ungarn. Fortan war sie auf die Rolle des zuckersüß-braven Herzchens festgelegt; und als Romy Schneider versuchte, aus diesem biederen Korsett auszubrechen, war die deutsche Öffentlichkeit wenig amüsiert. So zog es die Schauspielerin nach Frankreich, wo bessere Angebote und Alain Delon auf sie warteten. Erst im Exil fand sie die Rollen, die ihren Weltruhm begründeten, und trat in Filmen von Orson Welles, Claude Chabrol, Otto Preminger und Luchino Visconti auf – was von der bundesdeutschen Presse regelmäßig mit boshafter Missgunst quittiert wurde. Dennoch blieb Romy Schneider bis zu ihrem frühen Tod 1982 ein deutscher Filmstar, sozusagen im lebenslangen Exil, auch wenn sie nie in den deutschen Film zurückfand. Verhandlungen mit Fassbinder über die Hauptrolle in „Die Ehe der Maria Braun" scheiterten; damit war die Chance vertan, dem deutschen Film eine der faszinierendsten Darstellerinnen zurückzugeben.

Hanna Schygulla

Sie war das Gesicht des „Neuen Deutschen Films", auf dem Höhepunkt ihres Ruhms stilisierte die internationale Presse sie gar zur neuen Marlene Dietrich. Wie diejenige der Dietrich, so war auch die Karriere der Schygulla eng an einen Regisseur gebunden: Rainer Werner Fassbinder. In Fassbinders Theatertruppe fand sie erste Rollen, in Fassbinders Filmen feierte sie ihre größten Erfolge. Mit den Hauptrollen in „Effi Briest", „Die bitteren Tränen der Petra von Kant", „Die Ehe der Maria Braun" und „Lili Marleen" avancierte sie zum größten Star aus Fassbinders Ensemble, und obwohl sie auch mit Godard, Wenders und Schlöndorff arbeitete, wurde sie immer mit Fassbinder assoziiert. Nach dessen Tod verblasste auch der Ruhm der Schygulla, eine internationale Karriere versandete. Später wandte sie sich dem Chanson zu und tritt bis heute in meist kleineren Filmen auf.

🔍 Kirsten Dunst und Michael Fassbender

Im Jahr 2011 wurde Hollywoodstar Kirsten Dunst („Spider-Man", „Marie Antoinette") deutsche Staatsbürgerin – die Tochter eines Deutschen hatte nach ihrer Hauptrolle in Lars von Triers „Melancholia" mehrfach ihr Interesse an europäischen und insbesondere deutschen Filmproduktionen bekundet. Beides – die deutsche Staatsbürgerschaft und den Wunsch, in einem hiesigen Film mitzuwirken – hat sie gemeinsam mit dem deutsch-irischen Schauspieler Michael Fassbender („Prometheus", „Inglorious Basterds"). Fassbender, der ebenfalls einen deutschen Vater hat, schätzt besonders das deutsche Theater.

Gert Fröbe

Steven Spielberg erzählte in der New York Times einmal, wenn er „Schindlers Liste" in den 60er-Jahren gedreht hätte, wäre seine Idealbesetzung für Oskar Schindler Gert Fröbe gewesen – so groß war der Ruhm, den sich Fröbe in rund hundert Filmrollen erspielt hatte. Seine Rolle als „Goldfinger" im gleichnamigen James-Bond-Film begründete seine internationale Karriere, Auftritte in Filmen von Orson Welles, Ingmar Bergmann, Fritz Lang, Wolfgang Staudte und René Clément wiesen ihn als versatilen und verlässlichen Charakterdarsteller aus. Egal ob als Schurke oder Held, Fröbes Charaktere waren oft liebenswürdige Raubeine, und so wundert es nicht, dass er 1974 die Titelrolle im Film „Räuber Hotzenplotz" übernahm. Fröbe war „Jedermanns Lieblingsschurke", so der Titel einer Biografie des Schauspielers. In den 60er-Jahren wurde bekannt, dass Fröbe, der zeitweise Mitglied der NSDAP gewesen war, in seiner Zeit am Wiener Volkstheater eine jüdische Frau mit ihrem Kind in seiner Wohnung versteckt gehalten hatte – vielleicht trug diese Geschichte zu Spielbergs Wertschätzung bei.

Ulrich Mühe

Als Ulrich Mühe 2007 auf dem Höhepunkt seines Ruhmes starb, verlor die deutsche Film- und Theaterlandschaft eines ihrer größten Talente. Zunächst in der DDR, später in der Bundesrepublik hatte er sich unter der Regie von Bernhard Wicki, Heiner Müller, Peter Zadek und Helmut Dietl den Ruf eines vielseitigen, in allen Genres brillierenden Multitalentes erspielt. Mühe suchte immer wieder extreme Rollen in manchmal extremen Filmen – so spielte er Joseph Goebbels und Josef Mengele; in Michael Hanekes Gewaltstudien „Funny Games" und „Bennys Video" übernahm er wichtige Parts. Die DDR-Geschichte prägte   Mühes Leben wie seine Arbeit; so gehörte er 1989 zu den Mitinitiatoren der Demonstrationen in Ost-Berlin. Seinen größten Kinoerfolg feierte er im Oscar-prämierten Stasi-Drama „Das Leben der anderen", in dessen Folge Mühe und seine Ex-Frau Jeny Gröllmann sich eine juristische Auseinandersetzung um vermeintliche Stasi-Kontakte Gröllmanns lieferten.

Christoph Waltz

Quentin Tarantinos Kriegssatire „Inglorious Basterds" bescherte Christoph Waltz den Oscar als bester Nebendarsteller (2013 folgte sein zweiter Oscar) und machte den Wiener über Nacht berühmt. Dabei blickte Waltz längst auf eine lange, wenn auch bis dahin glanzlose Karriere zurück (u. a. spielte er die Titelrolle in „Du bist nicht allein – Die Roy Black Story"). Der Sohn einer Österreicherin und eines Deutschen ist von Geburt an deutscher Staatsbürger und erhielt erst 2010 zusätzlich die österreichische Staatsbürgerschaft; er selbst betrachtet sich allerdings als Österreicher und bezeichnete seine deutsche Staatsbürgerschaft als „juristische Banalität".

Klaus Kinski

Wenn sein Name fällt, assoziieren die meisten vor allem eines: exzessive Wutausbrüche. Dieses Image pflegte der 1926 in Zoppot bei Danzig geborene Schauspieler ausgiebig, und es war an seinem Weltruhm sicherlich nicht ganz unbeteiligt. Klaus Kinski verkörperte immer das, was sich Lieschen Müller unter „Genie" vorstellte – ein Getriebener, hysterisch und schrill, egomanisch und rücksichtslos. Schon in seinen Rollen in den Edgar-Wallace-Filmen der 60er-Jahre gab Kinski meist den scheinbaren oder tatsächlichen Neurotiker; ein ähnliches Rollenbild abonnierte er auch in Italien, wo er in zahlreichen Italowestern und Horrorfilmen dieser Epoche eiskalte, unmenschlich wirkende Charaktere spielt. Als 1972 seine höchst turbulente, aber fruchtbare Zusammenarbeit mit Werner Herzog beginnt, ist Kinski bereits in der Lage, Gagen zu verlangen, die einen maßgeblichen Teil der Gesamtbudgets seiner Filme ausmachen.

Herzog dokumentierte später ihre über fünf Filme währende Partnerschaft in dem Film „Mein liebster Feind". Vermutlich tat Kinski mehr für Herzogs Weltruhm als umgekehrt, ihre gemeinsamen Filme haben jedenfalls die Ära des Neuen Deutschen Films mühelos überstanden und werden noch heute weltweit gesehen. Kinskis zweites künstlerisches Standbein war seine Bühnenkarriere – seine Rezitationsabende, wo er zwischen Villon- und Rimbaud-Gedichten regelmäßig in ekstatische Publikumsbeschimpfungen ausbrach.

And the Oscar goes to ...

Obwohl bereits der allererste Oscar-Preisträger ein Deutscher war (Emil Jannings erhielt 1929 den Oscar als bester Hauptdarsteller), ist es bislang erst drei deutschen Regisseuren gelungen, den Oscar für den besten fremdsprachigen Film zu ergattern. 1980 machte Volker Schlöndorff mit seiner Grass-Verfilmung „Die Blechtrommel" den Anfang, 2003 folge Caroline Link mit ihrer Auswanderersaga „Nirgendwo in Afrika". Vier Jahre später wurde das Stasi-Drama „Das Leben der Anderen" von Florian Henckel von Donnersmarck ausgezeichnet.

Allerdings – in den weniger beachteten Kategorien reüssierten die Deutschen durchaus: So ging die begehrteste Trophäe der Filmwelt an zahlreiche deutsche Techniker, Musiker, Kurzfilmregisseure und Bühnenbildner. 1960 gewann Tierfilmer Bernhard Grzimek den Oscar für „Die Serengeti darf nicht sterben".

Geliebter Schurke: Gerd Fröbe in der Titelrolle von „Goldfinger", mit Sean Connery.

Ulrich Mühe in „Das Leben der Anderen".

63

Abschied von gestern

Der deutsche Autorenfilm

Es war ein Aufstand gegen das spießige Kino der 50er-Jahre, gegen Schwarzwaldmädel- und Sissi-Kitsch. Unter dem Motto „Papas Kino ist tot" rief eine Gruppe von Filmschaffenden während der westdeutschen Kurzfilmtage in Oberhausen 1962 zum Abschied von gestern (so auch der Titel eines Films von Alexander Kluge aus dem Jahr 1966) auf und verkündete ihren Anspruch, „den neuen deutschen Spielfilm zu schaffen".

Vorbild war die französische Nouvelle Vague. Regisseure wie François Truffaut, Jean-Luc Godard oder Louis Malle hatten mit Filmen wie „Sie küssten und sie schlugen ihn", „Außer Atem" und „Fahrstuhl zum Schafott" bereits Erfolge gefeiert. Der neue französische Film war in den 50er-Jahren im Umfeld der Zeitschrift „Cahiers du Cinema" entstanden und stellte den Regisseur, den „auteur", in das Zentrum des künstlerischen Prozesses.

Zwar erreichte der Neue Deutsche Film nie die internationale Bedeutung der Nouvelle Vague, dennoch entwickelte sich, oft gefördert vom 1965 gegründeten „Kuratorium junger deutscher Film", eine ästhetische Freiheit, auf deren Grundlage so unterschiedliche Regisseure wie Volker Schlöndorff, Rainer Werner Fassbinder, Wim Wenders oder Alexander Kluge Erfolge feierten. Heute beruft sich auch die sogenannte „Berliner Schule" mit Regisseuren wie Christian Petzold („Barbara"), Thomas Arslan („Gold") oder Angela Schanelec („Marseille") auf eine Kinotradition, die sich kommerziellen Zwängen entzieht und mit filmischen Konventionen bricht.

Werner Herzog mit den beiden Stars aus „Fitzcarraldo", Claudia Cardinale und Klaus Kinski, 1982 in Cannes.

Werner Herzog

(* 1942) Werner Herzog wurde vor allem durch seine Zusammenarbeit mit dem Schauspieler Klaus Kinski bekannt. Zu den gemeinsamen Filmen gehören „Aguirre, der Zorn Gottes" (1972), „Nosferatu" (1978), „Woyzeck" (1979) und „Fitzcarraldo" (1982). In dem Film „Mein liebster Feind" (1999) dokumentiert Herzog sein schwieriges, aber produktives Verhältnis zu dem exzentrischen Schauspieler.

Volker Schlöndorff

(* 1939) Volker Schlöndorffs „Der junge Törless" (nach einer Erzählung von Robert Musil) war 1966 einer der ersten internationalen Erfolge des Neuen Deutschen Films. Mit Filmen wie „Die verlorene Ehre der Katharina Blum" (1975, nach einem Roman von Heinrich Böll) und vor allem mit der Grass-Verfilmung „Die Blechtrommel" (1979) zeigte sich Schlöndorff als Spezialist für eigenständige Literaturadaptionen.

Alexander Kluge

(* 1932) Der promovierte Jurist Alexander Kluge war 1962 einer der Initiatoren des Oberhausener Manifests. Mit Filmen wie „Abschied von gestern" (1965), „Die Artisten in der Zirkuskuppel: ratlos" und „Die Patriotin" (1979) entwickelte Kluge einen assoziativen, oft zwischen Dokumentation und Spielfilm wechselnden Stil und brach radikaler als viele seiner Regiekollegen mit konventionellen Formen. Mit seiner Produktionsfirma DCTP schuf der auch als Schriftsteller und Filmtheoretiker erfolgreiche Kluge 1987 eine Plattform für unabhängige Programme im deutschen Privatfernsehen.

Wim Wenders

(* 1945) Wim Wenders, Absolvent der 1966 gegründeten Hochschule für Fernsehen und Film in München, wurde für seine Verfilmung von Peter Handkes „Die Angst des Tormanns beim Elfmeter" 1972 bei den Filmfestspielen in Venedig mit dem Preis der Internationalen Filmkritik ausgezeichnet. Den „Goldenen Löwen" für die beste Regie erhielt er in Venedig 1982 für „Der Stand der Dinge". Mit Road Movies wie „Im Lauf der Zeit" (1976) oder „Paris, Texas" (1984), vor allem aber mit „Der Himmel über Berlin" (1987) feierte Wenders große Erfolge bei Kritikern und auch einem breiten Publikum.

Szenen aus Alexander Kluges „Abschied von gestern".

Rainer Werner Fassbinder

(1945–1982) Rainer Werner Fassbinder war der produktivste Vertreter des Neuen Deutschen Films. Ab 1970 drehte er jedes Jahr mindestens einen Film, darunter frühe Meisterwerke wie „Händler der vier Jahreszeiten" (1971) und „Die bitteren Tränen der Petra von Kant" (1972), die vor allem von der internationalen Kritik in den höchsten Tönen gelobt wurden. Mit „Die Ehe der Maria Braun" (1978), „Lili Marleen" (1980), „Lola" (1981) und vor allem der Fernsehproduktion „Berlin Alexanderplatz" (1980, nach dem Roman von Alfred Döblin) erzielte er auch in Deutschland den längst verdienten Erfolg. Mit seinem vorletzten Film, „Die Sehnsucht der Veronika Voss" (1982), gewann Fassbinder den „Goldenen Bären" der Berlinale. Fassbinder starb mit nur 37 Jahren während der Arbeit an seinem letzten Film.

Margarethe von Trotta

(* 1942) Für ihren 1981 gedrehten Film „Die bleierne Zeit", angelehnt an die Biografien von Christiane und Gudrun Ensslin, erhielt Margarethe von Trotta als erste Regisseurin nach dem Zweiten Weltkrieg den „Goldenen Löwen" der Filmfestspiele von Venedig. Häufig standen starke Frauenfiguren im Zentrum ihrer Filme, so etwa in „Rosa Luxemburg" (1986), „Vision – Aus dem Leben der Hildegard von Bingen" (2009) und „Hannah Arendt" (2012).

Baader-Meinhof-Gruppe versus BRD

Die RAF

Die 70er-Jahre waren eine Zeit der Desillusionierung und der Krise. Die Fortschrittsgläubigkeit und der Optimismus der Wirtschaftswunderjahre waren spätestens 1970 endgültig passé; Ereignisse wie der Vietnamkrieg, die Attentate auf Martin Luther King und Bobby Kennedy, die blutige Niederschlagung des Prager Frühlings – um nur einige zu nennen – hatten zumindest in der westlichen Welt zu allgemeiner Ernüchterung geführt. Obwohl Willy Brandts Amtsantritt als Bundeskanzler 1969 vielerorts Hoffnungen auf eine gesellschaftliche Liberalisierung nährte, musste sich die Bundesrepublik nun mit einem Phänomen auseinandersetzen, das dieses brave, erfolgsverwöhnte Land noch nicht kannte: dem Terrorismus. Schon 1968 hatte eine Gruppe Linksextremisten in Frankfurt am Main in zwei Kaufhäusern Brände gelegt, bei denen erheblicher Sachschaden entstanden war. Mitglieder der Gruppe waren Andreas Baader und Gudrun Ensslin, die späteren Mitbegründer der Rote Armee Fraktion, RAF. Die Gruppe wurde zwar schnell gefasst und verurteilt, es gelang Baader und Ensslin jedoch, unterzutauchen.

der RAF isolierte sie von den westdeutschen Linken, die Terroristen fanden immer weniger Sympathisanten und Unterstützer.

Es dauerte nicht lange, bis den gewaltbejahenden Schriften zahlreiche Gewalttaten folgten. 1971 waren bereits zwei Polizisten bei Versuchen, RAF-Mitglieder festzunehmen, erschossen worden; 1972 startete die RAF eine große Gewaltoffensive. Sprengstoffanschläge – unter anderem gegen US-amerikanische Einrichtungen – forderten zahlreiche Todesopfer, aber es gelang noch im selben Jahr, die führenden Köpfe der RAF festzunehmen. Doch anstatt einer Beruhigung folgt auf die Inhaftierung der Terroristen nur noch mehr Terror. Die Haftbedingungen wurden als „Isolationshaft" beschrieben; es kam zu Hungerstreiks, in deren Folge Holger Meins starb. Diese Umstände führten zu einer breiten gesellschaftlichen, auch international geführten Diskussion um den Umgang mit den Terroristen; sogar Jean-Paul Sartre reiste nach Stuttgart, um mit den Inhaftierten zu sprechen. Im Stammheim-Prozess wurden die Angeklagten 1977 zu lebenslanger Haft verurteilt,

Zu den Motiven der RAF zählten aus eigener Sicht der Kampf gegen Imperialismus und Kapitalismus sowie faschistische Elemente in der Gesellschaft sowie die Solidarität mit internationalen Guerilla-Bewegungen. Das Gesellschaftssystem der Bundesrepublik wurde als Unterdrückungsapparat verstanden, Marxismus und Maoismus lieferten dabei wichtige Argumentationsmuster. Generell verstand sich die RAF als Teil der kommunistischen Weltrevolution.

Im Untergrund formierte sich die erste Generation der RAF und verübte 1970 mehrere Banküberfälle. Lateinamerikanische Guerilla-Kämpfer dienten als Vorbild für die zukünftige Strategie der terroristischen Vereinigung. Andreas Baader, Gudrun Ensslin, Holger Meins, Ulrike Meinhof und Jan-Carl Raspe waren der Kern der Gruppe. Geprägt von der Ideologie des Antiimperialismus, suchten sie Anschluss an internationale Bewegungen wie die palästinensische Befreiungsbewegung Fatah, wo sie im bewaffneten Kampf geschult wurden.

Die blutige Geiselnahme bei den Olympischen Spielen 1972 durch eine palästinensische Terrororganisation wurde von der RAF in einer von Ulrike Meinhof verfassten Schrift ausdrücklich begrüßt, der israelische Staat mit dem Dritten Reich gleichgesetzt. Diese fortschreitende Radikalisierung

Ulrike Meinhof hatte sich bereits im Vorjahr in ihrer Zelle erhängt.

Im Verlauf des Prozesses kam es wieder zu einer Annäherung vieler Linken an die RAF, besonders die verschärften Haftbedingungen wurden von vielen sehr kritisch bewertet. Insgesamt vertiefte sich in dieser Zeit der gesellschaftliche und ideologische Graben, der mitten durch die Republik ging. So war es gang und gäbe, jeden, der eine inhaltliche Auseinandersetzung mit dem Terrorismus und eine strikt rechtsstaatliche Behandlung der Verurteilten forderte, selbst in die Nähe von Terroristen zu rücken. Der politische Ton in der Bundesrepublik verschärfte sich erheblich. Aber es kam noch schlimmer: Nach der Verurteilung der Terroristen eskalierte die Gewalt erst recht.

Der „deutsche Herbst" 1977

Die sogenannte „zweite Generation" der RAF hatte bereits durch Entführungen und Geiselnahmen einige inhaftierte RAF-Mitglieder freigepresst. Im Jahr 1977 versuchte die Gruppe unter der Führung von Brigitte Mohnhaupt nun auch, durch erneute Geiselnahmen eine Freilassung der Köpfe der RAF zu erreichen. Im April 1977 wurden der Generalbundesanwalt Siegfried Buback und zwei Begleiter erschossen, im Juli starb der Vorstandssprecher der Deutschen Bank, Jürgen Ponto, als er sich einem Entführungsversuch unter Beteiligung von Monhaupt und Christian Klar widersetzte. Im September gelang es den Terroristen, den Arbeitgeberpräsidenten Hanns Martin Schleyer zu entführen. Doch die Bundesregierung unter Helmut Schmidt ließ sich nicht erpressen und lehnte eine Freilassung der Inhaftierten ab. Kurz darauf entführten vier palästinensische Terroristen die Lufthansa-Maschine „Landshut", um unter anderem elf deutsche Terroristen freizupressen. Eine GSG-9-Einheit stürmte in der Nacht zum 18. Oktober 1977 das in Mogadischu gelandete Flugzeug und befreite die Geiseln. Die in Stammheim Inhaftierten erfuhren davon vermutlich aus dem Radio; so kam es noch in derselben Nacht zum Suizid von Andreas Baader, Gudrun Ensslin und Jan-Carl Raspe. Ebenfalls noch am 18. Oktober ermordeten die Entführer von Schleyer ihre Geisel.

Der „Deutsche Herbst" war vorüber, die RAF lebte allerdings weiter. Die „dritte Generation", angeführt von Wolfgang Grams und Birgit Hogefeld, verübte zehn weitere Morde; unter anderem wurde der Chef der Treuhandanstalt, Detlev Karsten Rohwedder, 1991 erschossen, doch der Täter konnte nicht zweifelsfrei ermittelt werden. 1993 schließlich wurden Grams und Hogefeld bei einem GSG-9-Einsatz in Bad Kleinen gestellt. Hogefeld wurde verhaftet, während Grams bei dem Einsatz ums Leben kam. 1998 verkündete die RAF schließlich ihre Auflösung.

Damals allgegenwärtig: das Fahndungsplakat der Baader-Meinhof-Gruppe.

Die Verwicklung von Staat und Terrorismus: Mehrfach kam es im Laufe der RAF-Geschichte zu Aktionen, bei denen die Grenzen zwischen Staat und Terroristen aufgehoben wurden. So traten Spitzel des Verfassungsschutzes als *agents provocateurs* auf, u. a. um die RAF-Terroristen mit Waffen zu versorgen und so zu Gewalttaten zu animieren. 1978 versuchte der niedersächsische Verfassungsschutz, einen vermeintlichen terroristischen Anschlag zur Befreiung inhaftierter RAF-Mitglieder zu inszenieren, das sogenannte „Celler Loch". Erst 1986 kamen die wahren Umstände dieser staatlichen Inszenierung ans Licht. Die DDR wiederum gewährte den Terroristen finanzielle Hilfe, zudem half die Staatssicherheit einigen RAF-Mitgliedern dabei, in die DDR zu flüchten. 1990 wurde diesen der Prozess gemacht.

Rechtsextremismus in der BRD

Ausgebranntes Haus des NSU in Zwickau.

Rechtsextreme und rechtsradikale Gruppen gibt es in der BRD nicht erst seit dem „Nationalsozialistischen Untergrund" (NSU) oder den fremdenfeindlichen Morden nach der Wiedervereinigung. Sie existierten von Anfang an, denn die meisten Nazis waren auch nach der „Stunde null" des Kriegsendes ja noch da. Schon in den drei westlichen Besatzungszonen formierten sich kleine rechtsextreme Parteien. Deren Hauptanliegen waren die Wiederherstellung der nationalen Einheit und der Kampf gegen den Bolschewismus. Die in Norddeutschland starke „Deutsche Partei" beispielsweise erhielt bei der ersten Bundestagswahl 4 % und 17 Mandate. Ab 1953 wurde Kleinparteien der Einzug ins Parlament allerdings durch die Fünf-Prozent-Klausel erschwert. Danach waren Rechtsextreme nur noch in einigen Länderparlamenten vertreten. Offen neonazistische Parteien wie die „Sozialistische Reichspartei", deren Programm die „Lösung der Judenfrage" forderte, verbot Anfang der 50er-Jahre das Verfassungsgericht.

60er- und 70er-Jahre
Rezession bringt Aufwind

Der neue Wohlstand in der Wirtschaftswunderzeit versöhnt viele mit dem Staat. Die Zahl der organisierten Rechtsextremen in der BRD sinkt: 1964 sind es nur noch 21.000, gegenüber 76.000 zehn Jahre zuvor. Doch noch 1964 nennen 15 % aller befragten Westdeutschen Adolf Hitler einen der größten Staatsmänner al-

ler Zeiten. Rechtsparteien bekommen Aufwind, als dem Boom Mitte der 60er-Jahre die Rezession folgt. Auch die große Koalition (1966–69) und die sich links außen formierende „Außerparlamentarische Opposition" begünstigen den Erfolg. Die NPD, erst 1964 gegründet, erhält bei der Bundestagswahl 1965 schon 2 % und zieht in mehrere deutsche Landtage ein. Doch 1969 reicht es nicht ganz zum Einzug in den Bundestag; nach innerparteilichen Kämpfen wird die NPD jahrzehntelang bedeutungslos. 1971 gründen Nationalkonservative die „Deutsche Volksunion" (DVU). Spielen braune Parteien in den 70er-Jahren auch keine Rolle, so erhöht sich doch die Gewaltbereitschaft am rechten Rand: Terrororganisationen wie die „Wehrsportgruppe Hoffmann" (1980 verboten) entstehen.

Neue Verunsicherungen der 80er-Jahre

Die bundesrepublikanische Gesellschaft hat sich durch die „68er" liberalisiert, das gefällt nicht jedem. Zudem verunsichern neue Technologien, ein geringes Wirtschaftswachstum, steigende Arbeitslosigkeit und die Auswirkungen der Migration. Anfang der 80er-Jahre erhalten rechte Parteien wieder Auftrieb. Doch zunächst bleiben sie unterhalb der Fünf-Prozent-Marke: Bei der Europawahl 1984 erhält die NPD nur 0,8 %. Um sich nicht gegenseitig Wählerstimmen abzugraben, schließen NPD und DVU 1986 ein strategisches Bündnis, Resultat ist ein DVU-Landtagsmandat in Bremen. 1989 schließlich gelingt den „Republikanern", 1983 gegründet, der größte Coup: Mit 11 Abgeordneten schaffen sie den Sprung ins Westberliner Abgeordnetenhaus und anschließend den Einzug ins Europaparlament.

Nach der Wiedervereinigung
Neonazis in den neuen Bundesländern

In der Ex-DDR kommen die westdeutschen Rechtsparteien zunächst nicht an, obwohl sie dort Potential sehen: Viele ehemalige DDR-Bürger sind nach der Einigungseuphorie enttäuscht, nicht wenige von Arbeitslosigkeit betroffen. Doch die Parteien können sich erst Ende der 90er-Jahre in den neuen Bundesländern etablieren, insbesondere die NPD, die den Schulterschluss mit „Freien Kameradschaften" sucht. Braune Ideologien gedeihen im Osten in einer gewaltbereiten rechten Jugendszene, die ihre Anfänge vor 1990 hat. Hooligans und

Die simplen Antworten auf gesellschaftliche Fragen haben sich bei den rechtsgerichteten Parteien nicht verändert.

Im August 1992 kam es in Rostock-Lichtenhagen zu einem Pogrom, der die Nation und die Welt schockierte. Rund 1.000 Rechte randalierten vor einem Asylbewerberheim, etwa 3.000 Anwohner und Schaulustige begleiteten die Ausschreitungen mit Beifall. Die Polizei zog sich teilweise zurück und überließ die Flüchtlinge und ein Fernsehteam ihrem Schicksal in dem brennenden Haus. Ihnen gelang die Flucht über das Dach, während vor dem Haus Volksfeststimmung herrschte.

Skinheads im Osten galten als hartgesotten und kampferprobt – in der sozialistischen DDR war rechts zu sein die ultimative Provokation des Staates.

Gesamtdeutsches Problem
Der NSU – die Spitze des Eisberges?

Doch es sind west- *und* ostdeutsche Täter, die in den 90er-Jahren so viele rassistisch motivierte Gewalttaten wie noch nie zuvor verüben: Körperverletzungen, Brandstiftungen, Morde. Bei pogromartigen Aktionen gegen Ausländer spenden auch Unbeteiligte Beifall. Rechtsextremismus ist ein Problem der gesamten Gesellschaft, zumal sich gewaltbereite „freie Kräfte", rechte Parteien und Ideologen der „Neuen Rechten" immer mehr vernetzen. Ob es sich bei der 2011 eher zufällig aufgeflogenen NSU-Terrorzelle, deren drei Mitgliedern Morde an mindestens neun Migranten zur Last gelegt werden, wirklich um eine isolierte Gruppe mit wenigen Unterstützern handelte, kann demnach bezweifelt werden.

Trotz Verbot und regelmäßiger Razzien ist rechtes Propagandamaterial weit verbreitet.

Fußballfans zeigen Flagge gegen rechts. Gerade im Fußball kommt es immer wieder zu rechtsradikalen, antisemitischen und rassistischen Vorfällen in den Stadien.

Singen für den Frieden

Die Friedensbewegung

Pershing II, BGM Tomahawk und SS-20: Was für jüngere Generationen klingen mag wie Rechenformeln, gehörte in den frühen 80er-Jahren zum Alltagsvokabular. Nie war die Angst vor dem „atomaren Holocaust" oder einem „Euroshima" größer als nach dem berüchtigten NATO-Doppelbeschluss vom Dezember 1979, mit dessen Durchführung die atomare Aufrüstung schließlich 1983 ihren Zenit erreichte. Zum wachsenden Protest *made in West Germany* gehörten neben dem Mut zur Meinung Sit-ins, Menschenketten, Großkundgebungen natürlich auch die richtigen Lieder, um dem Wunsch nach Frieden und Freiheit Flügel zu verleihen. Nie waren Musik und politisches Engagement in der Bundesrepublik so miteinander verbunden.

Künstler für den Frieden

Am 11. September 1982 siegt der VfL Bochum auswärts gegen Frankfurt mit 1 : 0, Beeindruckenderes aber geschieht zur selben Zeit im Bochumer Ruhrstadion: Zweihundert Künstler, darunter Udo Lindenberg, Harry Belafonte, Franz Josef Degenhardt, André Heller, Konstantin Wecker und selbst Bill Ramsey haben sich auf der Bühne versammelt, um gemeinsam und für den Frieden zu singen. Zweihunderttausend Zuschauer kommen zu diesem deutschen Woodstock, über ihren Köpfen flattert in Übergröße die „Krefelder Erklärung", ein Abrüstungsmanifest, das drei Millionen Deutsche unterschrieben haben.

Wir wollen Sonne statt Reagan

„Da kommt Reagan und bringt Waffen und Tod, und hört er Frieden, sieht er rot, er sagt als Präsident von USA – Atomkrieg, ja! Er will den Endsieg, ist doch klar!" Mit dieser Botschaft steigt der Krefelder Aktionskünstler Joseph Beuys im Frühjahr 1982 für viele unerwartet in die Friedensbewegung ein. Den passenden Song zimmern ihm Musiker der Bands BAP und Wolf Maahn zusammen, er wird zwar kein Hit, gehört aber fortan auf allen großen Friedensdemos zum akustischen Pflichtprogramm. Am 10. Juni 1982 singt Beuys „Sonne statt Reagan" auf den Bonn-Beueler Rheinwiesen vor 300.000 Zuschauern, als Zugabe gibt er „Knocking on Heaven's Door".

Ein bisschen Frieden

Viele fragen sich noch, was eigentlich größer ist – die weiße Gitarre oder das zierliche Mädchen im Konfirmandenkleid –, doch da ist es bereits passiert: Die 17-jährige Saarbrückerin Nicole Hohloch siegt am 24. April 1982 beim Grand Prix d'Eurovision in Dublin mit sensationellen 61 Punkten Abstand. Wenige Tage später stürmt sie mit ihrem Song „Ein bisschen Frieden" die Charts in ganz Europa. Dass die brave Sängerin mit den gut gebürsteten Locken und der auf Schlager abonnierte Komponist Ralph Siegel so schnell zu den populärsten Friedensbotschaftern der Bundesrepublik wurden, verunsicherte manch radikalen Friedensaktivisten.

Eine Demonstration gegen die Politik des US-Präsidenten Ronald Reagan.

Kriegsminister, Streichholz und Benzinkanister

Am 8. Juni 1982 spielen die Rolling Stones in der Westberliner Waldbühne und lassen dabei jede Menge Luftballons in den Himmel steigen, zwei Tage später trifft US-Präsident Ronald Reagan zur NATO-Gipfelkonferenz in Berlin ein und löst eine bis dahin ungesehene Welle an Protestdemos gegen die Aufrüstung aus. Der eigentlich eher unpolitische Gitarrist der Band Nena, Carlo Karges, wohnt beiden Ereignissen bei, macht sich so seine Gedanken und bringt sie irgendwann im Herbst 1982 zu Papier. Im Februar 1983 erscheint die Friedenshymne „99 Luftballons", der Rest ist Geschichte.

1982 gewinnt Nicole mit „Ein bisschen Frieden" den Grand Prix d'Eurovision.

Nena singt über die Apokalypse: „99 Luftballons".

Engagiert für den Frieden: Udo Lindenberg.

71

Die „verlorenen" Kinder der Wohlstandsrepublik

Wohlstand, Vollbeschäftigung und grenzenloser Konsum: Bis zur Ölkrise im Jahre 1973 schien in den Haushalten der Bundesrepublik Deutschland die Welt in Ordnung. Die Vorstellung, dass die glänzenden Fassaden des Wirtschaftswunders auch ihre Schattenseiten haben könnten, schien vielen Bundesbürgern so fern wie der Mond. Doch Ende der 60er-Jahre begannen Medien, Filmemacher und Autoren, die Kehrseite des Wohlstands zu thematisieren. Ihre Werke lösten in der so heil geglaubten Bundesrepublik regelrechte Schocks aus und sensibilisierten die Deutschen für ein unbequemes Thema.

Christiane F., 2006.

Wir Kinder vom Bahnhof Zoo

Im Juni 1978 wird die 15-jährige Christiane Felscherinow vom Amtsgericht Münster zu einer Bewährungsstrafe verurteilt; Verstoß gegen das Betäubungsmittelgesetz lautet die lapidare Anklage. Doch es steckt weit mehr dahinter: Die Journalisten Horst Rieck und Kai Herrmann verfolgen den Prozess gegen Felscherinow und einen Geschäftsmann, der die Jugendliche für sexuelle Leistungen mit Heroin bezahlt haben soll. Im Verlauf interviewen sie das Mädchen mehrmals und veröffentlichen ihre Aufzeichnungen im Skandalroman „Wir Kinder vom Bahnhof Zoo". Die Geschichte der Teenagerin, die sich tagsüber am Zoologischen Garten Berlin Heroin spritzt und sich das dafür notwendige Kleingeld durch Prostitution beschafft, schockiert vor allem durch ihre Distanzlosigkeit und Authentizität. „Wir Kinder vom Bahnhof Zoo" wird 1980 zum meistgelesenen Buch der Bundesrepublik, wird drei Mil-

lionen Mal verkauft und in fünfzehn Sprachen übersetzt, eine Verfilmung erscheint 1981. Zum ersten Mal wird nun selbst konservativen Kreisen klar, dass Drogenkonsum nicht eine Folge „linksradikaler Gesinnung" oder ein Hobby sogenannter „Nichtstuer", sondern aufs Engste mit sozialer Benachteiligung und Armut verknüpft ist. Bis die Bundesregierung nachhaltig reagiert, wird es dauern: 1992 schafft sie das Amt des Drogenbeauftragten, in den 90er-Jahren entstehen Kontaktläden und Peer-Projekte zur Selbsthilfe, 1994 in Hamburg der erste öffentliche Drogenkonsumraum („Fixerstube"). An vielen deutschen Schulen sind die „Kinder" bis heute Pflichtlektüre, auch wenn der Abschreckungscharakter umstritten ist: 2012 zählten die Statistiken trotz sinkender Zahlen rund 1.000 Drogentote, doppelt so viel wie 1980.

Pionier der Außenseiter

Sozialkritische und politische Themen sind in der deutschen Jugendliteratur lange Zeit passé: Deutsche Jugendliche wachsen auch in der Bundesrepublik klassisch mit Karl May oder den lustigen Abenteuern von Max Kruse oder Ottfried Preußler auf. Jugendbuchautor Hans Georg-Noack (1926–2005) erkannte den Missstand schon früh: 1960 sorgt sein Werk „Hautfarbe Nebensache" für Aufsehen, später folgen die international prämierten Jugendromane „Rolltreppe abwärts" (1970) und „Trip" (1971). In Noacks Erzählungen geht es um Ausgrenzung sozial Schwacher, um Rassismus, um Jugendkriminalität und um die Gleichgültigkeit der Kriegsgeneration gegenüber ihren Kindern. Der ehemalige Hitlerjunge will seinen jungen Lesern ein ähnliches Schicksal wie das eigene ersparen.

Gesellschaftskritik zur besten Sendezeit

Freitagabend um 20 Uhr 15 ermittelte von 1968 bis 1976 Kommissar Keller alias Erik Ode im ZDF. Der resolute Kriminalist führte das deutsche Fernsehpublikum erstmals hautnah in die Lebenswelten von Landstreichern, Alkoholikern, verwahrlosten Kindern, Drogenabhängigen, Zuhältern und Prostituierten. Die meist tragischen Schicksale dieser Verlierer der Gesellschaft lösten in den deutschen Medien und Wohnzimmern breite Diskussionen aus. „Muss man so etwas zeigen?", fragten sich die Leser der populären Fernsehzeitschrift „Hörzu" immer wieder – dennoch lief die Serie von Herbert Reinecker bis 1975, danach ermittelte auf dem Sendeplatz Stephan Derrick gesellschaftskonform im Wohlstandsmilieu.

Szene aus „Der Kommissar" von 1971.

Eine „Rauschgiftballade" erregt die Nation

Im Januar 1972 kommt es in Westdeutschland erstmals seit 1929 zu einer umfangreichen Neuauflage des Betäubungsmittelgesetzes. Doch das ist für viele Bundesdeutsche weit unkonkreter als der Auftritt der fünfzehnjährigen Juliane Werding, die am 19. Februar 1972 in Dieter Thomas Hecks „Hitparade" mit bibbernder Stimme im Song „Am Tag, als Conny Kramer starb" den Verlust ihres drogensüchtigen Freundes besingt. Eine Woge der Panik ergießt sich in den kommenden Wochen über die Bundesrepublik: Es hagelt Zeitungs- und Fernsehbeiträge zum Drogenthema. Werding und ihr Produzententeam veröffentlichen das Album „Sorgenkinder" und spenden aus den Plattenverkäufen rund 25.000 D-Mark an eine Drogenforschungsgruppe. Bundesbürger und Polizei verzichten auf derlei Ursachenforschung, stattdessen greifen sie zu Sanktionen: Kinderzimmer werden gefilzt, Ausgangssperren für Jugendliche verhängt, verdächtige Kneipen und Jugendclubs geschlossen.

Szene aus „Wir Kinder vom Bahnhof Zoo" von 1981.

Neue Deutsche Welle

Plötzlich geht es rund in der deutschen Musikszene: Aus dem Untergrund kommen sie gekrochen, die verrückten jungen Musiker, die das ewige Kopieren amerikanischer und britischer Bands gründlich satthaben. Experimentiert wird mit allem, dabei entstehen meist minimalistische Stücke, die stark vom elektronischen Sound der Synthesizer geprägt sind. Auch mit der Sprache – der deutschen! – wird ausprobiert, das Ergebnis ist oft provokanter und/oder dadaistisch angehauchter Sprechgesang, siehe „Palais Schaumburg". Anfangs ist die Neue Deutsche Welle tiefgründig und subversiv, zu dieser Zeit stehen die Bands direkt in der Tradition des Punk und New Wave. „Abwärts" oder „Fehlfarben" beispielsweise transportieren durchaus ernste Botschaften – meist verpackt in simpel scheinende Texte. Sprachlicher und musikalischer Minimalismus eben, das Markenzeichen der NDW. Kippt das Ernsthafte deswegen später um in Blödelei, weil (vermeintlich) Simples zum Mitsingen bestens geeignet ist? Jedenfalls schafft es die Musikindustrie, etwas als zunächst nicht vermarktbar Geglaubtes zu kommerzialisieren. „Malaria" und „D.A.F." machen europaweit Furore, „Ideal", „Extrabreit" und „Rheingold" finden sich plötzlich in den deutschen Charts. Künstler wie Andreas Dorau und Max Goldt mischen Schlagerelemente mit Dada-Anleihen („Fred vom Jupiter", „Wissenswertes über Erlangen"), landen unerwartete Hits und schaffen damit – ungewollt – die Blaupause für Kommendes. Und wie: Innerhalb kürzester Zeit taucht eine Vielzahl von neuen Bands auf, bei denen man sich manchmal fragt, was sie eigentlich mit NDW zu tun haben ... But NDW sells. Eigeninszenierung durch Kleidung und Schminke steht nun auf der Tagesordnung, überall wird das NDW-Etikett draufgeklebt. Dass es dabei keine Rolle spielt, ob es sich um anspruchsvollste musikalische Ergüsse handelt, ist eh klar. 1982 bricht die große Welle der Nonsens-Hits über die Republik herein, von der Ironie und der Subversivität der Vorbilder war nichts mehr zu spüren. Hubert Kahs „Rosemarie", Fräulein Menkes „Hohe Berge", UKWs „Sommersprossen" und Markus' „Ich will Spaß" hatten nichts mehr gemein mit New Wave, Punk oder No Future.

Die Kommerzialisierung führt schnell zur Auflösung der Untergrundbewegung, und auch der Markt des Mainstreams ist wegen der unglaublichen Flut an Bands und Mitsingliedchen bald übersättigt. Die „99 Luftballons" und „Major Tom (völlig losgelöst)" markierten schon 1983 das nahende Ende einer so kurzlebigen wie durchschlagenden Bewegung, die dennoch bis heute ihre Nachwirkungen zeigt.

🔍 **Diese NDW-Klassiker schafften es auch im nicht-deutschsprachigen Ausland in die Charts:**

Trio *„Da Da Da ich lieb dich nicht du liebst mich nicht aha aha aha",*
englische Version „Da Da Da I Don't Love You You Don't Love Me Aha Aha Aha" (Nr. 2 in GB, Nr. 3 in Kanada)

Nena *„99 Luftballons"*
(Nr. 2 in USA), englische Version „99 Red Balloons" (Nr. 1 in GB)

Peter Schilling *„Major Tom (völlig losgelöst)",*
englische Version „Major Tom (Coming home)" (Nr. 14 in USA, Nr. 1 in Kanada, Nr. 4 in Südafrika)

🔍 **Kraftwerk** *„Das Model"* (1978/1982, Nr. 1 in GB) und **Falcos** *„Rock me Amadeus"* von 1986 (Nr. 1 in den USA und GB) zählen nicht zur NDW. Kraftwerk hatten schon lange vorher weltweit Erfolge gefeiert, und der Österreicher Falco wurde zwar mit der NDW bekannt, aber 1986 war diese längst mausetot.

Hubert Kah, 1985.

FRL. MENKE

Jetzt mit 3 Top Hits
Traumboy
Hohe Berge
Tretboot in Seenot

Ich komme Hubert Kah mit Kapelle

FEHLFARBEN
ES GEHT VORAN

STEREO 104 992-100
Geier Sturzflug
Bruttosozialprodukt

Früher oder später

STEREO 103 168 - 100
als wär's das letzte mal
der mussolini
DEUTSCH AMERIKANISCHE FREUNDSCHAFT

1982 malte Wolfgang Joop das Cover für Frl. Menkes Album mit den Titeln „Traumboy", „Hohe Berge" und „Tretboot in Seenot".

Zurück zu den Wurzeln

Die Ökobewegung

Wahlplakat der Grünen von 1983.

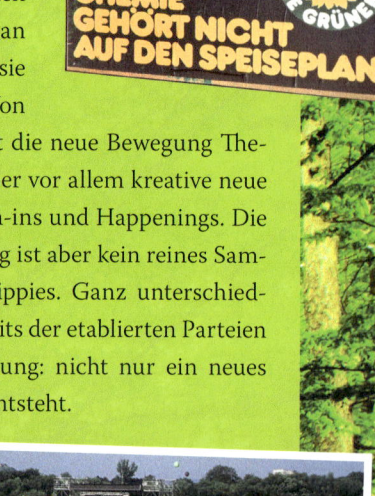

So eine bunte Truppe hat das „hohe Haus" noch nicht gesehen: Männer und Frauen in dicken Strickpullis, mit langen Haaren, wuchernden Vollbärten oder hennagefärbten Zöpfen. Klare Verstöße gegen die ungeschriebene Kleider- und Frisurenordnung des Deutschen Bundestages. Aber die Abgeordneten der „Grünen", die am 29. März 1983 in diesen einziehen, haben sich vorgenommen, alles anders zu machen. Unter dem Slogan „sozial, ökologisch, basisdemokratisch und gewaltfrei" tritt 1979 die „Anti-Parteien-Partei" an, um den Politikbetrieb aufzumischen. Ihre Mitglieder rekrutieren sich aus der Anti-AKW-Bewegung, Friedensinitiativen und Frauengruppen; allen diesen Initiativen gemeinsam ist die Sorge um die Zukunft der Menschheit.

Angst vor Schadstoffen, Strahlung und Atomkrieg

In den westlichen Industrieländern entsteht nach dem Krieg ein Bewusstsein für die Schattenseiten der Moderne. Kritische Wissenschaftler sind alarmiert und besorgt über die gesundheitlichen Auswirkungen von Schadstoffen in Wasser und Luft. In den 60er-Jahren verstören Publikationen wie „Der stumme Frühling" der US-Autorin Rachel Carson. Das Buch zeichnet ein Horrorszenario vom Artensterben – ausgelöst durch das Pflanzenschutzmittel DDT. Anhaltende Spannungen zwischen USA und UdSSR lassen befürchten, der Kalte Krieg könnte zum Atomkrieg eskalieren. Experten prognostizieren eine verhängnisvolle „Bevölkerungsexplosion" mit hunderttausenden Toten in den Ländern des Südens. 1972 warnt der Bericht „Die Grenzen des Wachstums" des Club of Rome vor der baldigen Erschöpfung der fossilen Brennstoffe und fordert Konsequenzen. Doch die vermeintlich „saubere" Alternative, die Kernenergie, ist da bereits durch schwere Atomunfälle wie die im britischen Windscale (1957) und im US-Kraftwerk Fermi bei Detroit (1966) stark umstritten. Trotzdem setzen zahlreiche Staaten, auch die BRD, auf den Ausbau der Atomkraft.

Graswurzel-Bewegung:
„Global denken, lokal handeln"

In diesem gesellschaftlichen Klima entstehen um 1970 zahlreiche Initiativen zum Umweltschutz. Das Spektrum reicht von kleinen lokalen Gruppen bis zu Organisationen wie Greenpeace oder den Friends of the Earth, die schnell zu professionellen und international vernetzten Organisationen aufsteigen. Doch getreu dem Slogan „think globally, act locally" nehmen sie stets Impulse von der „Basis" auf. Von der Studentenbewegung übernimmt die neue Bewegung Themen wie Frieden und Abrüstung, aber vor allem kreative neue Protestformen: Sitzblockaden, Teach-ins und Happenings. Die neue westdeutsche Umweltbewegung ist aber kein reines Sammelbecken linker Sektierer oder Hippies. Ganz unterschiedliche Menschen engagieren sich abseits der etablierten Parteien bei Protesten gegen Umweltzerstörung: nicht nur ein neues Milieu, eine neue Zivilgesellschaft entsteht.

Anti-WAAhnsinnsfestival 1986 in Wackersdorf.

„Wehrt euch, leistet Widerstand" und „Atomkraft, nein danke!"

Die neue westdeutsche Öko-Bewegung wächst am Widerstand – gegen Großprojekte wie die Startbahn West (Frankfurt), die Wiederaufarbeitungsanlage („WAA") in Wackersdorf oder das Atommüll-Endlager in Gorleben. Dort verbünden sich auch konservative Naturfreunde und bislang unpolitische Bürger mit den bunten „Ökos". Die Staatsmacht allerdings erkennt in den Demonstranten zuallererst Gegner, wenn nicht gar Staatsfeinde. Im Herbst 1981 kommt es auf dem Gelände der geplanten Startbahn West zum massiven und gewalttätigen Polizeieinsatz. Bei nachfolgenden Demonstrationen eskaliert die Gewalt, Protestierende beantworten Polizeibrutalität mit Ausschreitungen. Ähnliches spielt sich beim Anti-„WAA"-Protest in Wackersdorf ab. Die bayerische Polizei rüstet 1986 sogar mit Reizgas und Gummigeschossen auf, es kommt zu Todesfällen.

Ende der Achtziger:
Umweltschutz kommt an

Doch der verheerende GAU im Reaktor von Tschernobyl im April desselben Jahres verdeutlicht weiten Teilen der Bevölkerung die Risiken der Atomkraft; zudem zeigen die Boykottaufrufe der AKW-Gegner gegen Großkonzerne wie Siemens, die die Atomanlagen finanzieren, Wirkung – die Unternehmen ziehen sich zurück. Das ist der Anfang vom allmählichen Atomausstieg. Die westdeutsche Industrie muss sich an Emissionsgrenzen halten, Kraftwerksausstöße werden gefiltert. Die ökologische Bewegung – zehn Jahre zuvor noch Teil einer Gegenkultur – hat sich in vielen Belangen durchgesetzt. Ende der 80er-Jahre kommt sie auch in der bundesrepublikanischen Gesellschaft allmählich an. Und seit Juni 1986 hat die BRD ein Umweltministerium – eingerichtet von Helmut Kohl.

Der Unglücksreaktor in Tschernobyl, 1986.

Räumung des Hüttendorfes in Wackersdorf.
Darüber: Transparent beim WAAhnsinnsfestival.

🔍 Schriftsteller Heinrich Böll (links) und seine Frau Annemarie sowie die Grünen Gert Bastian (zweiter von links, vor Böll) und Petra Kelly (vorne mit Helm) bei der Blockade des US-Raketendepots am 1. September 1983 in Mutlangen.

Der ökologische Wandel

Die strahlende Fassade des deutschen Wirtschaftswunders bekam gegen Ende der 50er-Jahre ökologische Kratzer. Flüsse wie die Ruhr oder die Emscher waren Kloaken, zu reinen Abwasserkanälen degradiert. Im Ruhrgebiet jagten 130 Hochöfen und 100 Kraftwerke jedes Jahr vier Millionen Tonnen Schwefeldioxid sowie gewaltige Mengen Staub in die Luft, machten den Tag zur Nacht und viele Menschen krank. „Der Himmel über der Ruhr muss wieder blau werden", forderte Willy Brandt 1961 in seiner Godesberger Rede und wurde dafür vielfach belächelt.

1972 erzielte der Club of Rome mit seinem Bericht zu den „Grenzen des Wachstums" weltweite Resonanz. Und die Ölkrise 1973 führte nicht nur zu vier autofreien Sonntagen, sondern ließ auch das Bewusstsein dafür wachsen, dass fossile Energieträger möglicherweise doch nicht endlos zur Verfügung stünden. Es dauerte allerdings bis zum Beginn der 80er-Jahre, bis ein immer stärkeres Umweltbewusstsein in breiten Teilen der Bevölkerung die Politik zu Konsequenzen zwang – und den Aufstieg der Partei „Die Grünen" ermöglichte.

„Le Waldsterben"

Der Titel einer dreiteiligen Geschichte aus dem „Spiegel" Ende 1981 ließ keinen Zweifel zu: „Der Wald stirbt". Das Nachrichtenmagazin zitierte die Einschätzung des Göttinger Bodenforschers Bernhard Ulrich, aufgrund von Luftverunreinigungen durch Schwefeldioxid und sauren Regen seien viele Wälder nicht mehr zu retten. Unterstützt wurde diese These durch unzählige Fernsehbilder abgestorbener Baumkronen. Der Wald, ein urdeutscher Mythos, in Gefahr? Das durfte nicht sein. Die Öffentlichkeit war alarmiert, die Politik musste handeln. Und unsere französischen Nachbarn, ohnehin skeptisch-amüsiert über die Umwelthysterie der Deutschen, hatten eine neue Vokabel: „le waldsterben".

Der Wald ist nicht gestorben, und Professor Ulrich räumte bereits 1993 ein, mit seiner düsteren Prognose wohl etwas zu weit gegangen zu sein. So neu waren Waldschäden nämlich keineswegs, zudem war die Periode zwischen 1979 und 1985 durch lange Phasen extremer Trockenheit und starken Frostes gekenn-

Ein Schweigemarsch
gegen das Waldsterben.

Waldsterben am Lusen im Nationalpark
Bayerischer Wald.

Aktion „Rette den Wald" des Umweltschutzvereins Wahlstedt am 4. August 1988.

zeichnet. Und die dramatischen Bilder geschädigter Waldgebiete stammten zum Großteil aus wenigen betroffenen Regionen im Harz und im Erzgebirge. Also alles nur Panikmache?

Keineswegs. Schadstoffe wie Schwefeldioxid oder Stickoxide belasteten den Wald in hohem Maße, und so war es durchaus vernünftig, diese Emissionen durch den Einbau von Rauchgasentschwefelungsanlagen oder die Katalysatorpflicht für benzingetriebene PKW ab 1984 spürbar zu reduzieren. Nach der Wiedervereinigung ging mit der Abschaltung vieler ohne Filter betriebener Braunkohlekraftwerke in Ostdeutschland der Schwefeldioxidausstoß innerhalb weniger Jahre noch einmal drastisch zurück.

Heute weisen immerhin noch rund 60 % des Waldes leichte bis schwere Schäden an den Baumkronen auf. Es gibt große regionale Unterschiede, auch sind manche Baumarten – insbesondere die Eiche – stärker betroffen als andere. Als wichtigste Ursachen sehen Experten eine zu hohe Schadstoffbelastung des Waldbodens sowie artenarme, instabile Wald-Monokulturen an.

Lachse im ehemaligen Chemiecocktail

Die flächendeckende Ansiedlung von Großindustrie, die Einleitung ungereinigter Abwässer sowie der massenhafte Einsatz von Düngemitteln in der Landwirtschaft hatten den Rhein – wie viele andere Flüsse – ab den 50er-Jahren an den Rand des ökologischen Kollapses gebracht. Die Chemieindustrie verklappte zudem tonnenweise Dünnsäure in die Nordsee, viele Fische zeigten schwere Missbildungen.

Wie so oft war es eine Katastrophe, die zu einem flächendeckenden Umdenken führte: Am 1. November 1986 flossen nach einem Großbrand im Baseler Werk des Chemieunternehmens Sandoz mit dem Löschwasser tonnenweise giftige Chemikalien in den Rhein. Der Fluss färbte sich über viele Kilometer blutrot, der Fischbestand wurde auf einer großen Strecke völlig zerstört.

Vor allem die verheerende öffentliche Wirkung des Unglücks hatte zur Folge, dass die chemische Industrie in den Folgejahren massiv in den Gewässerschutz investierte. Doch auch die Städte und Kommunen rüsteten auf. Heute sorgen bundesweit rund 10.000 Kläranlagen dafür, dass kein Abwasser mehr ungereinigt in den Flüssen landet.

Tote Aale im Rhein, November 1986. Nach einem Großbrand beim Chemiekonzern Sandoz wurden fast 900 Tonnen hochgiftiger Chemikalien in den Rhein geschwemmt.

Und auch wenn vor allem die Schadstoffeinträge aus der Landwirtschaft noch Sorgen bereiten, geht es den Flüssen in Deutschland heute deutlich besser. In Elbe oder Rhein wird wieder gebadet, zahlreiche Projekte zur Flussrenaturierung geben begradigten und kanalisierten Flüssen ihren Raum zurück. Im Rhein leben heute 63 Fischarten, fast so viele wie vor 100 Jahren. Und auch der Lachs wandert wieder durch den Rhein, um in Nebenflüssen wie der Sieg zu laichen.

Mit richtigem Konsum die Welt retten?

Laut einer repräsentativen Umfrage ist den Menschen in Deutschland eine gesunde Ernährung wichtig. Regelmäßig schwappt eine Welle der Empörung durch das Land, wenn Lebensmittelskandale aufgedeckt werden oder engagierte Tierschützer einen Blick hinter die Kulissen der Massentierhaltung werfen. Die sogenannten LOHAS (Lifestyles of Health and Sustainability) sind der Überzeugung, mit nachhaltigem Konsum die Welt verbessern zu können.

Das Bewusstsein für gesunde Ernährung, für ökologischen Anbau und artgerechte Tierhaltung mag gewachsen sein, das Kaufverhalten der Deutschen sieht jedoch anders aus. Zwar ist Deutschland innerhalb der EU mit einem Umsatz von rund sieben Milliarden Euro der größte Absatzmarkt für ökologische Produkte, allerdings liegt der Marktanteil von Bioprodukten am gesamten Lebensmittelumsatz bei noch nicht einmal 4 %. Zwischen Einsicht und konsequentem Handeln klafft nach wie vor eine große Lücke.

Kohle, Wind und Sonne

Energiegewinnung

Die Wirtschaftsmacht Deutschland ist auf eine sichere Energieversorgung angewiesen. Lange Jahre galt die Kohle aus dem Ruhrgebiet als Symbol des wirtschaftlichen Aufstiegs. Dann schienen mit dem Ausbau der Kernenergie alle energiepolitischen Fragen auf ewig gelöst zu sein, doch die Katastrophen von Tschernobyl und vor allem Fukushima führten zur Abwendung von der Atomkraft. Heute steht Deutschland am Anfang der Energiewende und will den Anteil regenerativ erzeugten Stroms in den nächsten Jahren deutlich erhöhen.

Kohle ...

Ohne die Kohle aus dem Ruhrpott kein deutsches Wirtschaftswunder – so einfach lässt sich die Bedeutung des fossilen Energieträgers bis Mitte der 50er-Jahre zusammenfassen. Nachdem zur Jahreswende 1956/1957 die Kohleförderung im Ruhrgebiet alle bisherigen Rekorde übertroffen hatte, brach der Absatz ein Jahr später deutlich ein – wenige Monate, nachdem die deutschen Bergbauunternehmen die Kohlepreise drastisch angehoben hatten.

Die Hauptursachen für die „Kohlekrise" in Deutschland waren – neben dem Abflauen des wirtschaftlichen Aufschwungs – der zunehmende Import von preisgünstiger Steinkohle aus den USA sowie der verstärkte Einsatz von Erdöl.

Heute boomen Stein- und Braunkohle wieder. Ihr Anteil am deutschen Strommix lag 2012 bei stolzen 44,7 %. Braunkohle kommt überwiegend aus deutschen Tagebauen, die Steinkohle wird zu rund 70 % importiert. Der Aufschwung der klimafeindlichen Kohle – 2012 lagen die CO_2-Emissionen aus Braun- und Steinkohle in Deutschland bei rund 343 Mio. Tonnen – erscheint angesichts der propagierten Energiewende paradox, ist aber vor allem in dem anhaltenden Preisverfall der Kohle gegenüber dem Erdgas begründet. Zudem funktioniert der europäische Emissionshandel, bei dem Unternehmen für Verschmutzungsrechte pro Tonne CO_2 zahlen müssen, bis heute nicht. Es gibt also wenig Anreize, auf klimafreundlichere Energieträger umzusteigen.

... oder Atomkraft

Nachdem 1956 mit dem Forschungsreaktor in Garching das erste „Atomkraftwerk" den Betrieb aufnahm, wurde die Kernenergie in Deutschland vor allem auf staatliche Initiative hin massiv ausgebaut. Zwischen 1956 und 2006 spendierte der Bund nach Angaben des Deutschen Instituts für Wirtschaftsforschung rund 40 Mrd. Euro für die Atomforschung – ein Vielfaches dessen, was in die häufig kritisierte Unterstützung der erneuerbaren Energien fließt.

In den 60er- und 70er-Jahren gingen in Deutschland zahlreiche Atomkraftwerke ans Netz. Gleichzeitig wuchs in der Bevölkerung der Widerstand gegen die scheinbar saubere Energie, mit massenhaften Protestaktionen gegen den Bau des schleswig-holsteinischen Atomkraftwerks Brokdorf oder gegen das geplante Atommüll-Endlager im niedersächsischen Gorleben. Die Kernschmelzen in den Atomkraftwerken Harrisburg (USA, 1979) und Tschernobyl (Ukraine, 1986) verstärkten weltweit die Kritik an der Atomenergienutzung.

Im Jahr 2000 beschloss die rot-grüne Bundesregierung den Atomausstieg bis zum Jahr 2020. Dieser Beschluss wurde 2010 von der Regierung Merkel wieder kassiert, doch die Nuklearkatastrophe im japanischen Fukushima nach einem Tsunami im März 2011 führte zu einem endgültigen Umdenken. Die acht ältesten Atomkraftwerke wurden sofort stillgelegt, die anderen werden nach und nach folgen. 2022 wird in Deutschland kein Atomkraftwerk mehr am Netz sein.

Die Baustelle des Kohlekraftwerks Westfalen in Hamm-Uentrop mit dem benachbarten stillgelegten Kernkraftwerk.

Die Energiewende

Bis zum Jahr 2020 will Deutschland den Ausstoß an Treibhausgasen gegenüber 1990 um 40 % reduzieren und den Anteil regenerativ erzeugten Stroms auf 35 % steigern. Ein ambitioniertes, aber durchaus erreichbares Ziel. Schließlich lag der Anteil der erneuerbaren Energien am Bruttostromverbrauch im Jahr 2012 bereits bei 22,9 %. Wichtigstes Förderinstrument beim Ausbau der Erneuerbaren ist das regelmäßig überarbeitete Erneuerbare-Energien-Gesetz.

Klimafreundlichen Strom aus Wind oder Sonne findet jeder gut – solange keine Leitung am eigenen Haus vorbeiführt oder Windräder den Blick in die Ferne stören. Hier liegt die große Herausforderung bei der Energiewende, denn schließlich müssen nicht nur neue Windparks oder Solaranlagen errichtet, sondern darüber hinaus rund 2.800 Kilometer neue Leitungen verlegt werden, um etwa den im Norden erzeugten Windstrom nach Süden zu transportieren. Nicht nur eine technische, sondern auch eine demokratische Herausforderung, schließlich will man ein zweites „Stuttgart 21" unbedingt vermeiden.

Auch beim Einsparen von Energie steht Deutschland erst am Anfang. So ließen sich nach Berechnungen der Deutschen Energie-Agentur (dena) die gesamten Energiekosten des Landes bis 2020 um knapp 33 Milliarden Euro reduzieren, wenn bislang unerschlossene Einsparpotentiale – vor allem bei Gebäuden und im Verkehr – erschlossen würden.

Wie die Republik bunter wurde

Reiseziel Wirtschaftswunderland

Eine griechische Näherin bei der Arbeit in einem Textilbetrieb.

Als am 20. Dezember 1955 das deutsch-italienische Anwerbeabkommen unterzeichnet wird, denkt noch niemand an Einwanderung. Als Saisonarbeiter sollen die ersten „Gastarbeiter" aus dem ländlichen Italien nach Deutschland kommen – und bei Bedarf auch länger bleiben können. Durch das westdeutsche Wirtschaftswunder sucht die Industrie händeringend nach Arbeitskräften; weitere Abkommen folgen: im Jahr 1960 mit Griechenland und Spanien, ein Jahr später mit der Türkei. Weitere Anwerbeländer sind Marokko, Portugal, Tunesien und Jugoslawien. Als im September 1964 der millionste „Gastarbeiter", ein Portugiese, am Bahnhof von Köln-Deutz begrüßt wird, ist die Hochkonjunktur der Nachkriegsjahrzehnte aber schon auf dem Höhepunkt. 1973, als der Anwerbestopp wirksam wird, leben 2,6 Millionen Gastarbeiter in der BRD.

Kommen und Gehen:
Das „Rotationsprinzip"

Wie und warum wurden aus Gastarbeitern Einwanderer? Tatsächlich verließen die allermeisten die BRD wieder, nach kurzem oder längerem Aufenthalt. Schließlich war das Leben im fremden Deutschland nicht leicht. Viele der jungen Männer und Frauen sind zum ersten Mal von der Familie getrennt. Die Arbeit ist harte Schufterei in der Industrie, auf Baustellen, in Zechen oder Steinbrüchen; Frauen stehen oft am Fließband. Wenige können Deutsch, schon nach dem Weg zu fragen ist ein Problem – von Behördengängen ganz zu schweigen. Sie wohnen oft in Baracken, die ihre Betriebe stellen, und sparen eisern für eine Zukunft „zu Hause", wollen heiraten oder ein Haus bauen und sehnen die Rückkehr herbei. Viele Deutsche stehen den Ausländern kühl bis ablehnend gegenüber. Dabei profitieren deutsche Arbeiter: Rücken ausländische „Ungelernte" nach, können sie in bessere Jobs aufsteigen. Von 14 Millionen Gastarbeitern, die zwischen 1955 und 1973 kommen, kehren 12 Millionen zurück in ihr Heimatland.

Gekommen, um zu bleiben:
Deutschland wird bunter

Viele südeuropäische Gastarbeiter werden assimiliert, nicht selten durch Heirat. Nicht wenige eröffnen Imbisse oder Restaurants: Spätestens seit den 70er-Jahren gibt es auch in westdeutschen Kleinstädten den „Italiener" oder den „Griechen" um die Ecke. Die Einwanderer machen die Republik bunter, auch wenn ihre Integration nicht ohne Konflikte abgeht. Staatliche Maßnahmen aber fehlen fast ganz – an Einwanderung war Deutschland ja offiziell nie interessiert. Deutlich zeigen sich die Versäumnisse bei der größten Migrantengruppe, den Türken. Anfang der 70er-Jahre war eine Rückkehr für viele von ihnen

keine Option: Die Wirtschaft daheim lag darnieder, dem Militärputsch 1971 war politischer Terror gefolgt.

Versäumnisse der Politik:
Deutschtürken bleiben unter sich

Viele holen daraufhin ihre Familien nach oder heiraten Partner aus der alten Heimat. Das ist oft Anatolien, das Armenhaus der Türkei. Schulbildung ist dort selten, die Lebensweise traditionell. So sprechen viele Deutschtürken kaum Deutsch, und man bleibt in der Community unter sich. Deutschtürkische Familien sind groß – doch die zweite Generation hat es schwer, ihren Platz in der deutschen Gesellschaft zu finden: Schulabbrecher- und Arbeitslosenquote sind hoch. In den frühen 80er-Jahren erkennt man in Deutschland ein „Ausländerproblem", böse Türkenwitze machen die Runde, Fremdenfeindlichkeit bestimmt die Diskussion. Neben den Deutschtürken werden auch „Asylanten" und Flüchtlinge angefeindet.

80er-Jahre bis heute:
Populismus und Gegenbewegung

Auch in der Politik ist markige Rhetorik zu hören, auch mit rassistischen Untertönen. So macht Westberlins Innensenator Lummer 1981 mit rigorosen Abschiebeplänen gegen ausländische Jugendliche mobil. Dagegen formiert sich öffentlicher Widerstand. Migranten beginnen, sich in Vereinen, Verbänden oder in der Politik zu engagieren. 1987 zieht mit Sevim Çelebi-Gottschlich die erste türkischstämmige Abgeordnete ins Berliner Abgeordnetenhaus ein. Nach der Wiedervereinigung kommt es zum millionenfachen Zuzug von „Spätaussiedlern", Deutschstämmigen aus Ländern der früheren Sowjetunion. Trotz rassistischer Übergriffe und Morde wandelt sich allmählich das Selbstverständnis: Deutschland ist ein Einwanderungsland.

Der millionste Gastarbeiter in der BRD, Armando Rodrigues (links), mit dem Moped, das er bei seiner Ankunft am 10. September 1964 in Köln geschenkt bekam.

Junge Türken demonstrieren 1981 in Westberlin für mehr Integration.

Menschen mit türkischen und deutschen Flaggen warten im Münchener Hauptbahnhof auf die Ankunft des Erinnerungszuges „50 Jahre Migration" (2011).

Die Religions-gemeinschaften in der BRD

Von der Homogenität zur Diversität – die Bundesrepublik hat in ihrem 65-jährigen Beste-hen einen grundlegenden Wandel der religiösen Landschaft erfahren. Am Anfang war das Christentum die alles dominierende Religion, etwa hälftig aufgeteilt in Protestanten und Katholiken. Heute machen Christen aller Konfessionen rund 60 % der Gesamtbevölkerung aus, mehr als 30 % haben keine Religionszugehörigkeit. Weniger als 10 % der in Deutschland Lebenden gehören einer der anderen Religionen an, darunter Moslems, Juden, Buddhisten, Hindus, Sikhs, Bahai und Jesiden.

Nach dem Holocaust lebten nur noch etwa 10.000 Juden in der Bundesrepublik. Erst nach dem Fall des „Eisernen Vorhangs" wuchsen die jüdischen Gemeinden wieder stark, besonders durch Immigranten aus den ehemaligen Staaten der Sowjetunion. Heute geht man davon aus, dass etwa 250.000 Menschen jü-dischen Glaubens in Deutschland leben. In jüngster Zeit wächst vor allem die jüdische Gemeinde in Berlin, denn die Hauptstadt ist ein beliebtes Auswanderungsziel junger Israelis geworden.

Der Islam wurde seit den 60er-Jahren zur mittlerweile zweitgrößten Religionsge-meinschaft Deutschlands. In der Zeit des Wirtschaftswunders und der Vollbeschäfti-gung suchte man händeringend nach Arbeitskräften, so kam es zur gezielten Anwer-bung von Arbeitssuchenden insbesondere aus der Türkei. Die „Gastarbeiter", wie man sie damals nannte, betrachtete man aber zunächst eben nur als Gäste, die irgendwann wieder in ihre Heimat zurückkehren würden. Doch viele Türken entschieden sich da-für, zu bleiben, und immer mehr türkischstämmige Zuwanderer nahmen die deutsche Staatsbürgerschaft an. Es sollte Jahrzehnte dauern, bis sich in Deutschland ein Be-wusstsein entwickelte, das die Zuwanderung als dauerhaft akzeptierte; eine Mehrheit der Deutschen sträubte sich gegen die Einsicht, dass Deutschland mittlerweile ein Einwanderungsland geworden war. Doch in den 90er-Jahren vollzog sich allmählich ein Sinneswandel, und mittlerweile wächst die Akzeptanz in der breiten Bevölkerung spürbar. Heute leben rund 4 Millionen Moslems in Deutschland, von denen etwa die Hälfte die deutsche Staatsbürgerschaft haben.

Mit der Wiedervereinigung 1990 kam die große Dreiteilung: Zu den konfessionell gebundenen Gläubigen gesellten sich nun die mehrheitlich konfessionslosen Ostdeut-schen – zum Zeitpunkt des Mauerfalls gehörten rund 70 % der Bürger Ostdeutsch-lands keiner Religionsgemeinschaft an. Die „Gemeinde" der keiner Religion Zugehö-rigen ist heute etwa so groß wie die beiden großen christlichen Konfessionen, alle drei zusammen machen rund 90 % der Bevölkerung aus.

Unter den asiatischen Religionen sind der Buddhismus mit 3,3 % und der Hindu-ismus mit 0,11–0,13 % am stärksten vertreten. Ungefähr 2 % der Bevölkerung sind orthodoxe Christen.

🔍 Die Merkez-Moschee

Die DITIB-Merkez-Moschee in Duisburg gehört zu den größ-ten islamischen Gotteshäusern in Deutschland. Heute leben rund vier Millionen Muslime in Deutschland.

🔍 Die Synagoge Rykestraße

In der Berliner Rykestraße be-findet sich die größte Synagoge Deutschlands. Die jüdischen Gemeinden der Bundesrepublik wuchsen besonders nach dem Fall des Eisernen Vorhangs durch Zuwanderer aus der ehemaligen Sowjetunion.

Der Kölner Dom

Die dritthöchste Kirche der Welt ist die Kathedrale des größten deutschen Bistums. Katholiken machen etwa die Hälfte der deutschen Christen aus, die andere Hälfte ist evangelisch.

Deutsche Spitzensportler

Ob Franzi, Schumi, Henry oder die Handballnationalmannschaft („Wenn nicht jetzt, wann dann?"), nichts begeistert quer durch die Gesellschaft mehr Menschen als nationale Sporthelden. Sie verkörpern das, was den Sport ausmacht: Wettkampf, Leistung, Emotionen. Und die deutschen Sportler sind auch international bei den Olympischen Spielen, Welt- und Europameisterschaften ganz vorn mit dabei. Deshalb locken sportliche Großveranstaltungen Millionen von Zuschauern vor die Bildschirme, und nicht selten lösen die Top-Sportler einen regelrechten Boom aus, beispielsweise als Anfang der 90er-Jahre viele kleine Schwimmerinnen Franzi van Almsick nacheiferten, oder als Henry Maske dem Boxsport zu ungeahnter Beliebtheit verhalf.

Auch ihre persönlichen Geschichten berühren, wie beispielsweise die der Tennis-Idole der 80er-Jahre: Boris Becker und Steffi Graf. Plötzlich standen die beiden Teenager „von nebenan" an der Spitze des Tennissports – und damit im Fokus des weltweiten Medieninteresses. Nach Beendigung ihrer Karrieren machte das „Traumpaar" des deutschen Sports allerdings sehr gegensätzliche Entwicklungen: Während sich Steffi mit ihrem Mann André Agassi weitgehend ins Familienleben zurückzog, blieb Boris medial präsent. Das liegt nicht nur an seinem stets von der Boulevardpresse beleuchteten Privatleben, sondern auch an seinen Tätigkeiten als Reporter, Kolumnist und Werbefigur – Becker führte die Nation praktisch ins Internet: „Bin ich schon drin?"

Katarina Witt

(* 1965) Die allseits beliebte ehemalige Eiskunstläuferin startete im Einzellauf für die DDR. Sie ist Olympiasiegerin von 1984 und 1988, außerdem vierfache WM- und sechsfache EM-Siegerin.

Dirk Nowitzki

(* 1978) Das 2,13 m große „German Wunderkind" wurde 2011 Sportler des Jahres und ist Topscorer der deutschen Basketball-Nationalmannschaft. Seit 1998 spielt er für die nordamerikanische Profiliga NBA.

Henry Maske

(* 1964) Die Kampfstatistik des „Gentleman" im Boxen spricht für sich: bei 32 Kämpfen 31 Siege. Er löste wegen seiner großen Popularität den Box-Boom Anfang der 90er-Jahre aus und wurde zu einer der Leitfiguren des wiedervereinigten Deutschlands. Und zum Filmstar: 2010 durfte Maske in einer Filmbiografie sein großes Idol spielen – den bislang einzigen deutschen Schwergewichtsweltmeister Max Schmeling.

Birgit Fischer

(* 1962) Die Kanutin erreichte im Laufe ihrer beispiellosen Karriere 27 Mal den Weltmeistertitel und ist mit acht olympischen Gold- und vier Silbermedaillen die erfolgreichste deutsche Olympionikin der Sportgeschichte. 2012 beendete sie ihre Karriere.

Jan Ullrich

(* 1973) Der ehemalige Profi-Radrennfahrer gewann 1997 als erster und einziger Deutscher die Tour de France, daneben war er zweimaliger Weltmeister im Einzelzeitfahren und Olympiasieger 2000. Allerdings wurden diese Siege später annulliert, da Ullrich in einen Dopingskandal verwickelt war. Die Nation war schockiert.

Steffi Graf

(* 1969) 377 Wochen führte sie die Tennis-Weltrangliste an und gewann 22 Grand-Slam-Turniere. Doch damit nicht genug, denn 1988 erreichte sie das, was sonst noch niemandem gelungen war: den Golden Slam – Sieg bei allen vier Grand-Slam-Turnieren und gleichzeitig bei den Olympischen Spielen.

Rosi Mittermaier

(* 1950) Gold in der Abfahrt und im Slalom, Silber im Riesenslalom: 1976 wurde Rosi in Innsbruck zur „Gold-Rosi" und machte die Spiele zu regelrechten „Rosi Games". Ihr Sohn Felix Neureuther ist ebenfalls ein ganz Großer im Skizirkus – u. a. mit drei Weltcupsiegen in der Saison 2012/2013.

Anni Friesinger-Postma

(* 1977) Drei Olympiasiege und 16 Mal Weltmeisterin – Friesinger ist ohne Zweifel eine der erfolgreichsten deutschen Eisschnellläuferinnen. Unvergessen ihr Sturz bei Olympia in Vancouver 2010: Bäuchlings rutschend und mit vorgestrecktem rechten Bein löste sie die Zeitmessung aus, wodurch sie den Vorsprung von zwei Zehntelsekunden retten konnte.

Sven Hannawald

(* 1974) 2002 war sein Jahr: Er gewann als erster Athlet alle vier Wettbewerbe der Vierschanzentournee, holte WM-Gold im Skiflug und Team-Gold in Salt Lake City – was ihm den Titel Sportler des Jahres einbrachte. 2005 beendete er seine Ski-Karriere und sattelte um auf Autorennfahrer.

Franziska van Almsick

(* 1978) Die mehrfache Welt- und Europameisterin startete ihre Karriere als Schwimmerin mit einem Donnerschlag: Bei den olympischen Spielen 1992 gewann sie zwei Mal Silber und zwei Mal Bronze – im Alter von 14 Jahren!

Michael Schumacher

(* 1969) Von der Kartbahn in Kerpen gelang dem Ausnahmefahrer mit sieben Formel-1-Weltmeistertiteln eine unvergleichliche Karriere. Von 1991 bis 2012 saß er bei 307 Formel-1-Rennen im Cockpit, bei denen er einige Bestmarken setzte. So wird man der erfolgreichste Pilot der Formel-1-Geschichte!

Boris Becker

(* 1967) Mit 17 Jahren, am 7. Juli 1985, siegte „Bum-Bum-Boris" als erster ungesetzter Spieler, als erster Deutscher und als jüngster Gewinner beim bedeutendsten Tennisturnier der Welt in Wimbledon. In der Folge erreichte er 49 Einzelsiege, davon sechs beim Grand-Slam, sowie 15 Titel beim Doppel. Seine außergewöhnliche Popularität färbte auch auf den deutschen Tennissport ab, der innerhalb kürzester Zeit zweitbeliebtester Zuschauersport nach König Fußball wurde.

Sebastian Vettel

(* 1987) Dreifacher Weltmeister! 2010 holte er sich den Titel, den er in den beiden Folgejahren erfolgreich verteidigen konnte. Damit ist er nicht nur der jüngste F1-Weltmeister aller Zeiten, sondern neben Michael Schumacher auch der einzige deutsche.

Heike Drechsler

(* 1964) Mit 18 Jahren wurde sie die bis heute jüngste Weitsprungweltmeisterin, bis zum Ende ihrer Karriere 2005 holte die ehemalige Leichtathletin 26 internationale Medaillen. Die zweifache Olympiasiegerin wurde 1986 zur DDR-Sportlerin des Jahres und 2000 zur deutschen Sportlerin des Jahres gewählt.

Ereignisse des Weltsports in Deutschland

Deutschland ist eine Sportnation. Das ist heute eine Selbstverständlichkeit, aber in den ersten Jahren der Bundesrepublik konnte davon noch keine Rede sein. Für die Ausrichtung großer internationaler Wettkämpfe fehlte die Infrastruktur, zudem musste das Misstrauen der internationalen Gemeinschaft gegenüber Deutschland erst langsam abgebaut werden. So können die Bundesbürger erst seit den 70er-Jahren beweisen, dass sie gute Gastgeber sind. Mit Erfolg, denn das sprichwörtliche Organisationstalent der Deutschen paart sich mit einer für viele überraschenden Herzlichkeit und Fröhlichkeit.

Olympische Sommerspiele 1972 (München)

„Heitere Spiele" hatte sich Willi Daume, der Chef des Nationalen Olympischen Komitees (NOK), gewünscht. Und es wurden heitere Spiele unter einer strahlenden bayerischen Sonne, mit einer schwungvollen und unprätentiösen Eröffnungsfeier, einem neuen Teilnehmerrekord, mit Publikumslieblingen wie dem siebenfachen Schwimm-Olympiasieger Mark Spitz (USA), der sowjetischen Turnerin Olga Korbut oder den deutschen Leichtathletinnen Ulrike Meyfarth und Heide Rosendahl.

Heitere Spiele – bis palästinensische Terroristen am 5. September elf Mitglieder des israelischen Teams als Geiseln nahmen, um so die Freilassung palästinensischer Straftäter und deutscher Terroristen zu erzwingen. Nach der gescheiterten Befreiungsaktion, bei der alle Geiseln, fünf Terroristen und ein Polizist starben, wurden die Spiele für einen Tag unterbrochen. Dann verkündete Avery Brundage, Präsident des Internationalen Olympischen Komitees (IOC), „the games must go on" – doch es waren nicht mehr dieselben Spiele.

Fußball-Weltmeisterschaften 1974 und 2006

Deutschland ging als Favorit in die Fußball-Weltmeisterschaft 1974 im eigenen Land. Schließlich war die Mannschaft von Helmut Schön zwei Jahre zuvor überlegen Europameister geworden. Aber das Team stotterte in das Turnier, und das 0 : 1 gegen die DDR in Hamburg kam einer Katastrophe gleich. Doch diese Niederlage wurde zum Schlüsselerlebnis. Die Truppe um Kapitän Franz Beckenbauer raufte sich zusammen, steigerte sich von Spiel zu Spiel und besiegte schließlich im Finale die favorisierten Niederlande mit 2 : 1.

2006 startete Gastgeber Deutschland unter ganz anderen Vorzeichen in die Heim-WM. Einige Vorbereitungsspiele wurden hoch verloren, das Trainerduo Klinsmann/Löw sah sich heftiger Kritik ausgesetzt. Doch mit teilweise begeisterndem Fußball kam die Mannschaft bis ins Halbfinale, wo sie dem späteren Weltmeister Italien verdient unterlag. In Erinnerung geblieben ist die WM 2006 aber vor allem als fröhliches Sommermärchen, mit Partystimmung auf überfüllten Fanmeilen und neuen Idolen wie „Poldi" und „Schweini".

Die Fussball-WM 2006: Beim Spiel Deutschland – Schweden fiebern tausende deutsche Fans im Münchener Olympiastadion.

Leichtathletik-Weltmeisterschaften 1993 (Stuttgart) und 2009 (Berlin)

Die Leichtathletik-Weltmeisterschaften 1993 in Stuttgart erlebten insgesamt 585.000 Zuschauer, so viele wie noch nie zuvor. Und nicht nur die schiere Zahl, sondern vor allem die Fachkenntnis und Fairness des Stuttgarter Publikums begeisterten die Athleten aus der ganzen Welt. Dafür wurden die Besucher der WM mit dem Fairplay-Preis der UNESCO ausgezeichnet.

2009 in Berlin stand der Jamaikaner Usain Bolt im Mittelpunkt des Publikumsinteresses. Bolt gewann über 100 Meter, über 200 Meter und mit der jamaikanischen Mannschaft in der 4 x 100-Meter-Staffel. Dabei stellte der Sprinter über 100 und 200 Meter neue Weltrekorde auf.

Universiade 1989 (Duisburg)

Vom Lückenbüßer zur Attraktion: Als Sao Paulo am 20. Januar 1989 kurzfristig von der Ausrichtung der „Studentenolympiade" zurücktrat, sprang Duisburg ein und stellte in nur 153 Tagen eine Kern-Universiade mit den Sportarten Leichtathletik, Basketball, Rudern und Fechten auf die Beine. Mehr als 2.500 Teilnehmer aus 79 Ländern kamen in den Sportpark Wedau und genossen neben dem Sport ein umfangreiches Kulturprogramm mit Weltstars wie der Jazz-Legende Dizzy Gillespie.

Formel 1

Die Formel 1 ist die Königsklasse des Automobilrennsports mit den höchsten Anforderungen an Fahrer und Rennställe mit Milliardenumsätzen sowie einem weltweiten Publikumsinteresse. Seit 1926 – mit einigen Unterbrechungen – wird der Große Preis von Deutschland ausgetragen, seit 2008 im jährlichen Wechsel auf dem Hockenheimring und dem Nürburgring. Spätestens seit den Weltmeistertiteln von Michael Schumacher und Sebastian Vettel ist Deutschland eine „Großmacht" in der Formel 1. In der Saison 2013 saßen vier deutsche Piloten in jeweils einem der 23 begehrten Cockpits.

CHIO Aachen (jährlich)

Seit 1924 findet jedes Jahr in der Aachener Soers mit dem CHIO (Concours Hippique International Officiel) das „Weltfest des Pferdesports" statt. 2013 besuchten über 360.000 Zuschauer die Wettkämpfe, darunter zahlreiche Prominente aus Politik und Kultur.

Erfolgreiche Teams der Fußball-Bundesliga

Das Maß aller Dinge

Bayern München

Mit dem Bundesligaaufstieg der Bayern zur Saison 1965/66 begann eine einmalige Erfolgsgeschichte. 22 Meisterschaften gingen bis heute an die Isar, damit liegt das Team uneinholbar an der Spitze. In keinem anderen Verein übernahmen so viele Ausnahmespieler auch nach Beendigung ihrer Spielerlaufbahn wichtige Funtkionen wie beim Rekordmeister. Franz Beckenbauer, Uli Hoeneß, Karl-Heinz Rummenigge, Paul Breitner, Sepp Maier und Gerd Müller garantierten auch zahlreiche internationale Titel. „Mia san mia" – das selbstbewusste Motto der Bayern wurde im Sommer 2013 mit dem Gewinn von Deutscher Meisterschaft, DFB-Pokal und Champions League eindrucksvoll bestätigt.

Im Herzen des Fußballs

Borussia Dortmund

Wohl nirgendwo in Deutschland sind die Menschen so fußballverrückt wie im Ruhrgebiet mit seinen beiden Traditionsclubs Borussia Dortmund und Schalke 04. Doch während die Gelsenkirchener bis heute auf den ersten Bundesligatitel warten, hat der BVB bereits fünf Mal die Meisterschale an den Borsigplatz geholt. In den vergangenen Jahren haben sich die Dortmunder mit Trainer Jürgen Klopp und einer jungen, spielstarken Mannschaft als ernsthafter Rivale der Bayern etabliert.

Kontinuität an der Weser

Werder Bremen

Nachdem die Bremer bereits 1965 die Schale an die Weser geholt hatten, begann Ende der 80er-Jahre die große Zeit der Grün-Weißen. Trotz begrenzter finanzieller Möglichkeiten durften Trainer wie Otto Rehagel und Thomas Schaaf in Ruhe erfolgreiche Mannschaften formen und wurden mit drei weiteren Bundesligatiteln belohnt.

Der letzte Mohikaner

Hamburger SV

Als einziges Gründungsmitglied ist der Hamburger SV bis heute ohne Unterbrechung in der Bundesliga dabei. Das große Idol der Hamburger ist bis heute Uwe Seeler, doch die drei Meistertitel errang der HSV erst später mit Spielern wie Felix Magath, Manfred Kaltz und Horst Hrubesch. Unter Trainerlegende Ernst Happel holten die Hamburger 1983 durch ein 1 : 0 gegen Juventus Turin auch den Europapokal der Landesmeister an die Elbe.

Erster Fußballmeister der Bundesrepublik war der VfR Mannheim, der am 10. Juli 1949 im Glutofen des Stuttgarter Neckarstadions Borussia Dortmund mit 3 : 2 n. V. besiegte. Damals spielten die acht stärksten Mannschaften aus den fünf Fußball-Oberligen am Ende jeder Saison den Deutschen Fußballmeister aus. Unter den Titelträgern jener Jahre finden sich viele auch heute noch klangvolle Namen wie der VfB Stuttgart (1950, 1952), Borussia Dortmund (1956, 1957, 1963) oder der 1. FC Kaiserslautern (1951, 1953).

Doch so richtig in Fahrt kam der deutsche Fußball erst mit dem 28. Juli 1962, als die Delegierten des Deutschen Fußballbundes im Goldsaal der Dortmunder Westfalenhalle die Einführung einer eingleisigen Eliteklasse mit zunächst 16 (später 18) Mannschaften beschlossen. Am 24. August 1963 sahen insgesamt 327.000 Zuschauer den Start der Fußball-Bundesliga. Am Ende der Premierensaison hatte der 1. FC Köln sechs Punkte Vorsprung vor dem Meidericher SV und Eintracht Frankfurt. Und der VfR Mannheim? Spielt heute in der Oberliga und war als einziger Fußballmeister der Bundesrepublik nie in der Bundesliga dabei.

Im Schatten der Bayern

VfB Stuttgart

Als der VfB Stuttgart 1977 nach zwei Jahren in der zweiten Bundesliga wieder in das Oberhaus des Fußballs aufstieg, erreichte die junge Mannschaft in der ersten Saison mit durchschnittlich 54.000 Zuschauern pro Heimspiel einen fast 20 Jahre gültigen Bundesligarekord. 1984 feierte die große Fangemeinde am Neckar den ersten Bundesligatitel, dem noch zwei weitere folgen sollten.

Die ewigen Fohlen

Borussia Mönchengladbach

Es war das Dauerduell der 70er-Jahre, die Fohlen aus Mönchengladbach gegen die Bayern aus München. Mit ihrem erfrischenden Angriffsfußball errangen die Gladbacher nicht nur fünf Meisterschaften, sondern auch viele Sympathien. Einige enthusiastische Zeitgenossen sahen in den öffnenden Pässen von Günter Netzer sogar den „Geist der Utopie" am Werk. Nach vielen mageren Jahren wollen die Gladbacher wieder an die alten Erfolge anknüpfen.

🔍 Die erfolgreichsten Teams der Bundesliga

Platz	Club	Spiele	Siege	Unentschieden	Niederlagen	Tore	Punkte
1	FC Bayern München	1637	937	378	322	3513 : 1862	2636
2	SV Werder Bremen	1663	718	413	532	2835 : 2360	2118
3	Hamburger SV	1697	701	459	537	2762 : 2380	2099
4	VfB Stuttgart	1629	692	398	539	2762 : 2328	2040
5	Borussia Dortmund	1561	670	409	482	2710 : 2241	2038
6	FC Schalke 04	1527	597	384	546	2256 : 2202	1850
7	Borussia M'gladbach	1535	608	413	514	2621 : 2262	1780
8	1. FC Kaiserslautern	1492	575	372	545	2348 : 2344	1666
9	1. FC Köln	1458	593	361	504	2459 : 2170	1652
10	Eintracht Frankfurt	1493	552	377	564	2377 : 2319	1599

Stand: Juni 2013

Deutsche Fußballstars

„Fußball ist ein einfaches Spiel: 22 Männer jagen 90 Minuten einem Ball nach, und am Ende gewinnen immer die Deutschen." Dieser Satz der englischen Stürmerlegende Gary Lineker mag dem ewigen britischen Trauma beim Elfmeterschießen geschuldet sein, ganz falsch ist er sicher nicht. Am 22. November 1950 bestritt die deutsche Fußball-Nationalmannschaft in Stuttgart ihr erstes Länderspiel nach dem Ende des Zweiten Weltkriegs (1 : 0 gegen die Schweiz), und seither hat sich die DFB-Elf in der Weltspitze etabliert.

Der Weltmeistertitel 1954 in der Schweiz, das „Wunder von Bern", war eine Sensation. Nach zweiten und dritten Plätzen bei Fußball-Weltmeisterschaften (1966, 1970) errang das deutsche Team 1974 im eigenen Land erneut den Titel und wiederholte dieses Kunststück 16 Jahre später in Italien. 1972, 1980 und 1996 wurde die Nationalmannschaft zudem Europameister.

Über Jahrzehnte galten Kampf und Willensstärke als typisch deutsche Tugenden. Erst seit der WM 2006 wandelt sich das Ansehen des deutschen Fußballs in der Welt, gilt das schöne, technisch hochwertige Spiel als neues Leitbild. In 65 Jahren haben unzählige Stars den Fußball bei uns geprägt – ihre Auswahl muss notgedrungen unvollständig bleiben.

Trainer der Bundesligageschichte

Während heutzutage der Typus des „Konzepttrainers" wie Jürgen Klopp (Borussia Dortmund) oder Thomas Tuchel (Mainz 05) gefragt ist, quälten in den 60er- und 70er-Jahren noch knorrige Typen wie Max Merkel oder Hennes Weisweiler ihre Spieler. Erfolgreichster Trainer in der Bundesliga ist bis heute Udo Lattek, der – mit Bayern München und Borussia Mönchengladbach – acht Mal deutscher Meister wurde. Die kürzeste Trainerkarriere in der Bundesliga kann Robert Körner vorweisen, der in der Saison 1968/69 nur 18 Tage lang den 1. FC Nürnberg trainierte.

Der Kaiser
Franz Beckenbauer
(* 1945)

Was er mit dem Fuß berührte, wurde zu Gold. Der vielleicht beste deutsche Fußballer aller Zeiten erzielte seine Erfolge mit einer Leichtigkeit und Eleganz, die den Beobachter eines umkämpften Bundesligaspiels der Münchener Bayern zu der erstaunten Aussage veranlasste: „Sogar der Kaiser transpirierte." Beckenbauer gewann als Spieler alles, was es zu gewinnen gab, errang als Teamchef 1990 den WM-Titel und holte als Chef des Bewerbungskomitees 2006 die WM nach Deutschland.

Raumgreifende Pässe
Günter Netzer
(* 1944)

In Mönchengladbachs goldenen Jahren war er der unangefochtene Anführer, doch in der Nationalmannschaft zauberte Günter Netzer nur einen Sommer. Seine Auftritte auf dem Weg zur Europameisterschaft 1972 allerdings sind unvergessen: Er war das Genie, stürmte mit langen Schritten und wehendem Haar durchs Mittelfeld und schlug raumgreifende Pässe. Zur Legende wurde Netzer im Pokalfinale 1973, als er sich in der Verlängerung seines letzten Spiels für Borussia Mönchengladbach selbst einwechselte und das entscheidende 2 : 1 gegen Köln erzielte.

Mesut Özil

(* 1988)

Der in Gelsenkirchen geborene Sohn türkischer Eltern steht wie kein anderer für die neue Leichtigkeit im deutschen Fußball. Seine enge Ballführung, die nahezu beiläufige Ballannahme und seine überraschenden Ideen machen das Spiel von Mesut Özil zu einem Genuss für Fußball-Ästheten. Nach Jahren bei Schalke 04 und Werder Bremen spielte der Mittelfeldspieler ab 2010 bei Real Madrid und wechselte im September 2013 als teuerster deutscher Spieler zum FC Arsenal.

Uwe Seeler

(* 1936)

Er wurde nie Welt- oder Europameister, dennoch ist Uwe Seeler bis heute einer der populärsten deutschen Sportler. Von 1946 bis 1972 spielte der torgefährliche und kämpferische Mittelstürmer ausschließlich für den Hamburger Sportverein und lehnte 1961 sogar ein für damalige Verhältnisse unglaubliches Millionenangebot von Inter Mailand ab. Der erste Bundesliga-Torschützenkönig nahm an vier Weltmeisterschaften teil und erzielte in 72 Länderspielen 43 Treffer. 1970 erhielt Seeler als erster Sportler das Große Bundesverdienstkreuz.

Fritz Walter

(1920–2002)

Fritz Walter war bereits 33 Jahre alt, als er die deutsche Mannschaft 1954 zum WM-Titel in der Schweiz führte. Der sensible Techniker erhielt viele Angebote aus dem Ausland, blieb aber seinem Heimatverein, dem 1. FC Kaiserslautern, treu. Als 1985 das Stadion auf dem Betzenberg in Fritz-Walter-Stadion umbenannt wurde, bekam das Idol einer ganzen Region bereits zu Lebzeiten ein Denkmal gesetzt.

Gerd Müller

(* 1945)

Mit dem Hinterteil, im Liegen, aus einer schnellen Drehung heraus: Es gab scheinbar keine Spielsituation, in der Gerd Müller kein Tor erzielen konnte. Mit 365 Treffern in 427 Spielen für Bayern München ist „kleines dickes Müller" bis heute unangefochten Bundesliga-Rekordtorschütze. Nach dem WM-Finale 1974, bei dem er das Siegtor gegen die Niederlande „müllerte", erklärte Müller mit nur 28 Jahren aus privaten Gründen seinen Rücktritt aus der Fußball-Nationalmannschaft.

Helmut Rahn

(1929-2003)

„Aus dem Hintergrund kommt Rahn, Rahn könnte schießen ..." – die Radioreportage des WM-Finales 1954 von Herbert Zimmermann gehört längst zum kollektiven deutschen Fußballgedächtnis. Rahn schoss, er schoss das entscheidende 3 : 2 gegen Ungarn, nachdem er bereits den Ausgleich erzielt hatte. Der lebenslustige „Boss" hatte immer wieder mit Disziplinproblemen zu kämpfen, was seine Popularität eher noch steigerte.

Lothar Matthäus

(* 1961)

Der ungemein dynamische Mittelfeldspieler nahm an fünf Weltmeisterschaften teil und ist mit 150 Länderspielen Deutschlands Rekordnationalspieler. Der Weltfußballer des Jahres 1991 hatte seine erfolgreichsten Jahre bei Bayern München und Inter Mailand. Matthäus wurde 1980 bereits mit 19 Jahren Europameister und war die zentrale Figur der deutschen Weltmeistermannschaft von 1990.

Die unerwartete Wiedervereinigung

Der Mauerfall

Für viele Zeitzeugen begann das Ende der DDR am 11. März 1985 mit der Wahl Michail Gorbatschows zum Generalsekretär des Zentralkomitees der Kommunistischen Partei der Sowjetunion. Gorbatschows Reformen, „Perestroika" (Umbau) und „Glasnost" (Offenheit), veränderten nicht nur die Sowjetunion, sondern auch andere sozialistische Staaten.

Die DDR-Staatsführung wehrte sich lange Zeit gegen die Erneuerung, konnte aber schließlich den „Wind of Change" nicht aufhalten. Hier eine kurze Chronik des Mauerfalls:

7. Mai 1989:

Das Ergebnis der DDR-Kommunalwahlen – 98,85 % Ja-Stimmen für die Liste der Nationalen Front – führt wegen offensichtlicher Manipulationen zu Protesten.

4. September 1989:

Erste Leipziger Montagsdemonstration im Anschluss an das traditionelle Friedensgebet in der Nikolaikirche.

10. September 1989:

Prominente DDR-Oppositionelle gründen die Bürgerbewegung „Neues Forum".

11. September 1989:

Ungarn, das bereits im Mai mit dem Abbau von Grenzanlagen begonnen hatte, öffnet die Grenze zu Österreich für DDR-Bürger.

30. September 1989:

Bundesaußenminister Hans-Dietrich Genscher verkündet in Prag die Genehmigung zur Ausreise für alle DDR-Bürger, die in die Botschaft der Bundesrepublik geflüchtet sind.

6./7. Oktober 1989:

Die Führung feiert den 40. Geburtstag der DDR, während das Volk protestiert und flüchtet. Staatsgast Gorbatschow warnt, dass „Gefahren nur auf jene warten, die nicht auf das Leben reagieren" – später wird daraus der berühmte Satz „Wer zu spät kommt, den bestraft das Leben".

18. Oktober 1989:

Parteichef Erich Honecker tritt zurück. Nachfolger wird sein bisheriger Stellvertreter Egon Krenz.

Feier zum 20-jährigen Jahrestag des Mauerfalls vor dem Brandenburger Tor am 9. November 2009.

9. November 1989:

SED-Sprecher Günter Schabowski erläutert auf einer Pressekonferenz das neue DDR-Reisegesetz, das zunächst nur teilweise gelten soll. Auf die Nachfrage eines Journalisten, wann Privatreisen nach dem Ausland ohne Vorliegen von Voraussetzungen (Reiseanlässe und Verwandtschaftsverhältnisse) beantragt werden können, antwortet der unzureichend informierte Schabowski: „Das tritt nach meiner Kenntnis … ist das sofort, unverzüglich." Um 21:20 Uhr gehen die ersten DDR-Bürger über den Berliner Grenzübergang Bornholmer Straße in den Westen. Auch die anderen innerstädtischen Grenzübergänge werden in dieser Nacht geöffnet. Die Mauer ist gefallen.

Pressekonferenz vom 9. November 1989: Günter Schabowski, Mitglied des Politbüros des ZK der SED, verkündet die sofortige Reisefreiheit.

95

Nochmal Stunde null

Als am 9. November 1989 die Mauer fiel, kannte der Jubel bei den Menschen im Osten Deutschlands keine Grenzen. Am ersten Wochenende nach dem historischen Ereignis stellten die DDR-Behörden rund vier Millionen Visa für Reisen in den Westen aus. Auf den Autobahnen in Richtung Westdeutschland ging es nur im Schritttempo voran, die Züge in Richtung Hannover waren laut Radio DDR zu „200 %" ausgelastet. Lange Wartezeiten gab es auch an den Schaltern von Banken, Sparkassen und Postfilialen, wo sich die DDR-Bürger ihr Begrüßungsgeld von 100 DM abholten.

Doch auf den kollektiven Rausch folgte schon bald Ernüchterung. Die DDR war 1989 faktisch pleite. Kurz vor der Wende hatte Gerhard Schürer, Vorsitzender der Staatlichen Planungskommission, erklärt, dass man das Konsumniveau der Bevölkerung um bis zu 30 % senken müsse, wenn man die Zahlungsfähigkeit des Landes erhalten wolle. Die Regale waren vielerorts nur sehr spärlich gefüllt, und das passte nun gar nicht mehr mit den millionenfachen Erfahrungen im Westen zusammen. Gleichzeitig stieg die Arbeitslosenquote – ein bislang unbekanntes Phänomen – auf zehn %, 1991 sogar auf 14 %.

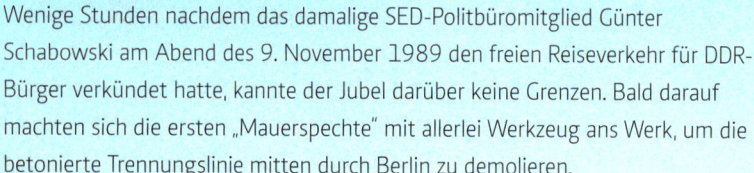

Wenige Stunden nachdem das damalige SED-Politbüromitglied Günter Schabowski am Abend des 9. November 1989 den freien Reiseverkehr für DDR-Bürger verkündet hatte, kannte der Jubel darüber keine Grenzen. Bald darauf machten sich die ersten „Mauerspechte" mit allerlei Werkzeug ans Werk, um die betonierte Trennungslinie mitten durch Berlin zu demolieren.

Ansturm auf die Banken zum Begrüßungsgeld von 100 DM.

Am 13. November 1989 erklärte der neue DDR-Ministerpräsident Hans Modrow in seiner Regierungserklärung, dass die Wiedervereinigung nicht auf der Tagesordnung stehe. Doch während in der Volkskammer und „am runden Tisch" über eine Verfassungsreform und baldige Neuwahlen debattiert wurde, arbeitete die Bundesregierung bereits an einer Währungsunion. Am 28. November 1989 stellte Helmut Kohl im Bundestag seinen 10-Punkte-Plan vor, der zum Zusammenschluss beider deutscher Staaten in einem gesamteuropäischen Einigungsprozess führen sollte.

Dieser Plan stieß auch in Ostdeutschland auf große Zustimmung: Bei der letzten und einzigen freien Volkskammer-Wahl in der DDR am 18. März 1990 – die Wahlbeteiligung lag bei 93,4 % – erzielte das der Union nahe stehende Bündnis „Allianz für Deutschland" einen klaren Wahlsieg. Die Legislaturperiode der Volkskammer sollte nur ein halbes Jahr dauern: Am 23. August 1990 beschlossen die Abgeordneten der Volkskammer den Beitritt der DDR zur Bundesrepublik für den 3. Oktober 1990 – das Ende der DDR.

Kurze Zeit später leere Regale in den Kaufhäusern aufgrund der Zahlungsunfähigkeit des Landes.

Die Republik tanzt!

Techno

DJ Westbam.

Sven Väth.

Paul van Dyk.

Musik gehörte lange nicht gerade zu den wichtigsten Export-produkten der Bundesrepublik, sieht man einmal von der Klassik ab. Umso erstaunlicher ist da der weltweite Siegeszug elektronischer Musik made in Germany. Irgendwie passt es ja auch zum Deutschland-Klischee: Technik können sie gut, die Deutschen. Was Kraftwerk, die Halbgötter aller elektronischen Klänge, vorgemacht hatten, führten seit den späten 80er-Jahren die deutschen Künstler des Technos fort.

Techno war ursprünglich Synonym für House, also für eine Form elektronischer Tanzmusik, die in Detroit und Chicago entstanden war und um 1987 die europäischen Tanz-flächen eroberte. Schnell entwickelte sich eine spezielle, aufs Rhythmische reduzierte Variante des House, die fortan Techno genannt wurde und besonders hierzulande begeistert aufgenommen wurde. Bald sprossen Techno-Clubs wie Pilze aus dem Boden, und bereits etablierte Discos wie das Frankfurter Dorian Gray avancierten zu wahren Techno-Tempeln. Der Mauerfall brachte dann Berlin in den Fokus dieses Genres, der Sound of Berlin löste den Sound of Frankfurt ab, und rund um den Globus machten Geschichten von den legendären Berliner Techno-Clubs Tresor, E-Werk und Bunker die Runde.

In diesem Genre waren die DJs die Stars, nicht die Musiker. Sven Väth aus Frankfurt, Tanith, Westbam, Paul Kalkbrenner und Paul van Dyk aus Berlin gehörten zu den wichtigen DJs, einigen gelang es sogar, mit eigenen Produktionen in die Charts einzusteigen.

Das medienwirksamste Phänomen, das der Techno in Deutschland hervorgebracht hat, ist sicherlich die Love Parade. Die Idee war, einen „Rave" (also eine Mischung aus Party und Festival) mit einer Demonstration zu verbinden, denn Techno hatte auch ein eigenes Sendungsbewusstsein. Dieses war stark geprägt von der Euphorie der Jahre nach dem Mauerfall. „One World, one Future" lautete das Motto einer Love Parade. Angefangen hatte sie ganz bescheiden 1989 auf dem Berliner Ku'damm mit rund 150 Teilnehmern, 1995 tanzte bereits eine halbe Million begeisterter internationaler Fans und legte die wichtigste Berliner Einkaufsmeile lahm. Zwei Jahre später – die Parade war bereits in den Tiergarten verlegt – erreichte sie erstmals die Millionen-grenze.

Aber auch Techno kommt in die Jahre. So verlor die Musik um die Jahrtausendwende deutlich an Zugkraft und Einfluss. Aber das mittlerweile von der Bürde der spektakulären Mas-senveranstaltungen erlöste Genre entwickelt sich kontinuier-lich weiter und blüht nach wie vor, inzwischen befreit von allen trashigen Elementen, die sich dem Stil in den 90ern anhefteten. Das mittlerweile zur europäischen Partyhauptstadt avancierte Berlin gilt mit den Clubs Tresor2 und Berghain weltweit als eine der wichtigen – wenn nicht als die wichtigste – Stadt des Technos. Aber auch andere deutsche Städte spielen eine wich-tige Rolle auf der Landkarte des Technos: In Köln etwa ist das Label Kompakt ansässig, das zu den besten des Genres gehört.

Love Parade in Berlin.

Love Parade

Was als überschaubare Party-Demo-Kombination mit rund 150 Teilnehmern 1989 auf
dem Berliner Kurfürstendamm begann, sprengte schon sechs Jahre später mit 500.000
Techno-Fans aus aller Welt jeden Rahmen. Die mittlerweile in den Tiergarten verlegte
Veranstaltung überstieg 1997 erstmals die Millionengrenze. 2004 und 2005 machte das
bis dahin jährlich stattfindende Spektakel Pause, 2007 zog die Massenparty dann nach
Essen um (Berlin war es leid, den Tiergarten jedes Mal von gigantischen Mengen Urin, Bier
und Müll säubern zu müssen), wanderte anschließend durch das Ruhrgebiet und fand 2010 in Duisburg ein trauriges Ende, als ein Gedränge
und die anschließende Panik 21 Todesopfer forderten. Zu diesem Zeitpunkt hatte sich die eigentliche Techno-Szene längst von der vollständig
kommerzialisierten Love Parade abgewandt. Aber bei aller Kritik ist es zweifellos auch ein Verdienst der Love Parade, dass sich das Image
Deutschlands weltweit stark zum Positiven gewandt hat. Denn wer hätte 1985 noch geglaubt, dass einmal Hunderttausende Jugendliche
aus aller Welt ausgerechnet nach Deutschland reisen würden, um Party zu machen, sich frei zu fühlen und Spaß zu haben?

Ein Land zieht um

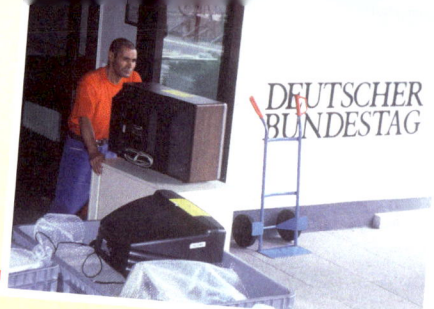

Es war eine emotionale Debatte im Bonner Plenarsaal des Deutschen Bundestags. Die Grenze verlief quer durch die Parteien, Unionspolitiker wie Wolfgang Schäuble und Rupert Scholz sahen sich Seite an Seite mit SPD-Kollegen wie Wolfgang Thierse und Hans-Jochen Vogel. Am Ende des 20. Juni 1991 stimmten schließlich von den anwesenden 660 Abgeordneten 320 für Bonn und 338 für Berlin – und besiegelten damit den Umzug des Parlaments und der Regierung vom Rhein an die Spree.

Januar 2000: Nach gut zwei Jahren Bauzeit sind die Renovierung und der Neubau des Auswärtigen Amtes am Werderschen Markt erfolgreich abgeschlossen. Der Einzug kann beginnen.

Das neue Kanzleramt im Bau, 1998.

Die Umzugsgegner befürchteten die Abkehr vom Föderalismus und von einer demonstrativen Bescheidenheit, die der Bonner Republik zu innerer Stabilität, außenpolitischer Berechenbarkeit und wirtschaftlichem Erfolg verholfen habe. Die Berlin-Befürworter argumentierten insbesondere mit der Glaubwürdigkeit, schließlich hätten sich alle politischen Parteien während der 40-jährigen Teilung immer für Berlin als Hauptstadt eines künftigen wiedervereinigten Deutschland ausgesprochen.

Knapp drei Jahre später verabschiedete der Deutsche Bundestag das sogenannte Berlin-Bonn-Gesetz. Nach der Verabschiedung sollten die Mehrzahl der Ministerien, das Kanzleramt sowie das Presse- und Informationsamt nach Berlin umziehen. Der Rest würde mit der Mehrheit der Regierungsmitarbeiter in Bonn bleiben, das sich seitdem als „Bundesstadt" bezeichnen darf. Bereits im Januar hatte das Bundesfinanzministerium die Kosten für den Umzug auf maximal 20 Milliarden DM gedeckelt.

Bundesbauminister Klaus Töpfer (CDU), gleichzeitig Beauftragter für den Berlin-Umzug, ließ rasch Unterbringungskonzepte für die Ministerien erarbeiten. Ab 1995 wurde in Berlin-Mitte heftig am künftigen politischen Herz der Bundesrepublik gebaut. Rund 1.200 LKW brachten die Ausstattung der Abgeordneten von Bonn nach Berlin – immerhin 14.000 Stühle sowie fast 50 Kilometer Bücher und Aktenordner. Am 19. April 1999 kam der Bundestag zu seiner ersten Sitzung im vom britischen Stararchitekten Sir Norman Foster neu gestalteten Reichstagsgebäude zusammen.

Das neue Domizil des Bundesrates wird am 28. September 2000 nach dem Umzug in das ehemalige Preußische Herrenhaus in Berlin offiziell seiner Bestimmung übergeben.

Manfred Rettig – hier am Modell des Berliner Spreebogens – war Stabsstellenleiter Klaus Töpfers, des Umzugsbeauftragten der Bundesregierung. Kein leichter Job, denn ihm stand eine Mammutaufgabe bevor: den Umzug der meisten Ministerien und diverser Bundesbehörden von Bonn nach Berlin zu organisieren und zu überwachen. Einige der neuen Domizile in Berlin befanden sich zum Zeitpunkt des Umzugs noch im Umbau, was den Ablauf zusätzlich erschwerte.

Das neue Regierungsviertel

Nach dem Umzugsbeschluss musste in Berlin nicht nur der alte Reichstag umgebaut, sondern auch Platz für die rund 7.500 Regierungsmitarbeiter geschaffen werden. In zwei Architekturwettbewerben wurde über die Neugestaltung des Reichstages und des Spreebogens entschieden. Beim Reichstag entschied man sich – nach zahlreichen Veränderungen am ursprünglichen Konzept – für den Entwurf des britischen Architekten Sir Norman Foster. Den „Städtebaulichen Ideenwettbewerb Spreebogen" gewannen die Berliner Architekten Axel Schultes und Charlotte Frank gegen 835 Konkurrenten aus 54 Ländern.

Der Siegerentwurf, das rund 900 Meter lange „Band des Bundes", verbindet mit einer Brücke über die Spree das, was

ehemals getrennt war: Ost- und Westberlin. Das Paul-Löbe-Haus am Westufer beherbergt Abgeordnetenbüros, Sitzungssäle und den Besucherdienst des Bundestages. Im Marie-Elisabeth-Lüders-Haus am gegenüberliegenden Ufer befinden sich die Parlamentsbibliothek, der wissenschaftliche Dienst und die Bundestagsverwaltung. Die meisten Abgeordneten sind im zwischen Reichstag und ARD-Hauptstadtstudio gelegenen Jakob-Kaiser-Haus untergebracht. Dieser größte Parlamentsneubau wurde Anfang 2002 fertiggestellt.

Das Bundeskanzleramt liegt im Westen des Spreebogens und ist mit einer Gesamtfläche von 12.000 m² eines der größten Regierungshauptquartiere der Welt – nahezu achtmal größer als das Weiße Haus in Washington! Der 18 Meter hohe Halbkreis

Der neue Flügel des Außenministeriums zählt zu den imposantesten Regierungsneubauten in Berlin.

Der Spreebogen ist das Zentrum des neuen Regierungsviertels, hier befinden sich der Reichstag und das Bundeskanzleramt.

im oberen Teil des Gebäudes fällt schon von weitem ins Auge, die gläsernen Fassaden vermitteln Transparenz und Offenheit. Im Ehrenhof, Fernsehzuschauern durch Bilder von Staatsbesuchen bekannt, steht die eiserne Skulptur „Berlin" des spanischen Künstlers Eduardo Chillida.

Lange Zeit wurde darüber diskutiert, ob der Reichstag mit seiner nationalsozialistischen Vergangenheit als Sitz eines demokratisch gewählten Bundestages angemessen sei. Die Verhüllung des Gebäudes durch Christo und Jeanne-Claude im Juni 1995 trieb viele Geister der Vergangenheit aus. Heute ist vor allem die Kuppel eine Touristenattraktion, die jährlich von rund drei Millionen Menschen besucht wird.

Die ursprüngliche Furcht vor einem hermetisch abgeriegelten Regierungsviertel hat sich als unbegründet erwiesen. Vor allem die Wege rechts und links der Spree haben sich zu stark frequentierten Jogging- und Flaniermeilen entwickelt, und die Strandbars entlang des Spreebogens vermitteln in den Sommermonaten ein beinahe mediterranes Flair.

Das neue Berlin

„Arm, aber sexy" – die Fakten sprechen für die Charakterisierung, die Berlins Regierender Bürgermeister Klaus Wowereit seiner Stadt verpasste. Lebte der Westteil der Frontstadt vor der Wiedervereinigung zur Hälfte von Hilfen des Bundes – 1990 waren das rund 13 Milliarden DM –, drückt Berlin heute eine Schuldenlast von 63 Milliarden Euro. Das sind 22.000 Euro pro Einwohner und entspricht damit ziemlich genau den Verbindlichkeiten der im Sommer 2013 für bankrott erklärten US-Stadt Detroit.

Das Problem wird noch verschärft durch den Einwohnerrückgang. Nach der jüngsten Erhebung musste die Zahl der in Berlin lebenden Menschen von 3,5 auf 3,3 Millionen korrigiert werden. Deshalb wird die Hauptstadt künftig deutlich weniger als die bisherigen 3,3 Milliarden Euro aus dem Topf des sogenannten Länderfinanzausgleiches erhalten.

Gleichzeitig ist Berlin eine der attraktivsten Städte gerade für junge Gäste aus aller Welt, die hinter den unscheinbaren Fassaden der Torstraße die ultimativen Partys suchen oder ihre Nächte im legendären Berghain vertanzen. Die Zahl der Übernachtungen hat sich in den letzten Jahren mehr als verdoppelt und lag 2012 bei knapp 25 Millionen.

Und die Menschen zieht es nicht allein zu den klassischen Touristenattraktionen wie Fernsehturm, Reichstag oder Museumsinsel. In Kreuzberg, Friedrichshain oder am Prenzlauer Berg drängt vor allem an warmen Sommerabenden ein junges, buntes und vergnügungsbereites Publikum aus aller Welt durch die Straßen. Und die alteingesessenen Kiezbewohner, selbsternannte Protagonisten der Gegenkultur, wehren sich gegen das Neue – Berliner Widersprüche, aber gerade die machen wohl den besonderen Reiz dieser Stadt aus.

Politik in Echtzeit

Mit dem Umzug der Regierung nach Berlin sollte die Politik nach langen Jahren der Bonner Gemütlichkeit endlich wieder an Bedeutung und Tempo gewinnen. An Tempo hat die Politik auf jeden Fall gewonnen. Die Konkurrenz der unzähligen Journalisten auf engem Raum und die Schnelligkeit des Internets tragen dazu bei, dass nahezu jede politische Überlegung in Echtzeit bekannt und kommentiert wird.

In dieser ebenso hermetischen wie überhitzten Atmosphäre, in der jede Nichtigkeit zur Sensation stilisiert wird, wird auch die Privatsphäre von Politikern und anderen Prominenten kaum noch respektiert. Viele Hauptstadtjournalisten sehen sich ohnehin weniger als Beobachter, sondern vielmehr als Teil der politischen Klasse. Im Borchardt oder im Grill Royal wird eifrig zwischen den Sphären gekungelt – ob dies die Qualität von Politik und Journalismus verbessert, darf mit gutem Grund bezweifelt werden.

Kreativmetropole Berlin?

Für böse Zungen ist die vielbeschworene Berliner Kreativität ein Mythos, der vor allem auf der Möglichkeit beruht, hier mit vergleichsweise wenig Geld auszukommen, in den unzähligen Cafés abzuhängen und dabei nichts auf die Reihe zu kriegen. Und in den rund 400 Galerien der Stadt lässt sich bei den zahllosen Vernissagen ebenso klug wie folgenlos über Kunst schwadronieren. Keine ganz falsche Diagnose, aber eben auch nicht ganz richtig.

So betont die Expertenkommission Forschung und Innovation in ihrem letzten Gutachten für die Bundesregierung, dass sich Berlin in den letzten Jahren tatsächlich zum wichtigsten deutschen Standort für die Internetwirtschaft entwickelt hat. Ein wahrer Gründungsboom hat die Stadt erfasst, die Investitionen in junge Berliner Unternehmen haben sich zwischen 2009 und 2011 auf knapp 117 Millionen

Co-Working im Beta-Haus.

Das Restaurant „Bocca di Bacco" in der Friedrichstraße.

Euro verdoppelt. Und auch wenn nicht jedes Start-up-Unternehmen zum Erfolg geführt wird, so ist das doch eine gute Nachricht für eine Stadt, der nach wie vor die industrielle Basis fehlt.

Berlin ist anders

Jedem sein Berlin: dem Rucksacktouristen die hippen Viertel wie Kreuzberg, Neukölln oder Friedrichshain, dem Wochenendbesucher Mitte, dem jungen Aufsteiger Prenzlauer Berg oder neuerdings Pankow, dem alteingesessenen Bürgertum Dahlem, Charlottenburg und Wilmersdorf, dem Trendscout Moabit oder Wedding. Die Größe und Vielfalt von Berlin macht die Stadt zur idealen Projektionsfläche für die unterschiedlichsten Lebensentwürfe. Und wem das zu anstrengend ist, der kann vor den Toren der Stadt in Brandenburgs unberührter Natur entschleunigen.

Eine Strandbar in Berlin-Mitte.

Humboldt-Box und Stadtschloss

Auf dem Berliner Schlossplatz ist ein UFO gelandet, so scheint es. Die Humboldt-Box ist allerdings nur ein temporäres Gebäude, das, nachdem es seine Funktion erfüllt hat, wieder verschwinden wird. In der Box informiert eine Ausstellung über die bewegte Geschichte des Ortes und über seine Umgestaltung. Das teilweise rekonstruierte Stadtschloss wird nach seiner Fertigstellung das Humboldt-Forum beherbergen. Museen, Ausstellungsräume, Begegnungsstätten und die Stadtbibliothek sollen es zu einem kulturellen Zentrum machen.

Moderne Architektur

Die Moderne hat in Deutschland eine gute Tradition. Ausgehend von Weimar und Dessau verbreitete sich die Bauhausarchitektur über die ganze Welt. Zwar emigrierten während der Naziherrschaft viele Talente, doch kehrte die Moderne in die junge Bundesrepublik zurück.

Die Frankfurter Skyline bei Nacht.

Ausgerechnet einem, der geblieben war, verdankt das junge Land ein richtungweisendes Bauwerk: Egon Eiermann. Er entwarf die Kaiser-Wilhelm-Gedächtniskirche, die seit 1963 direkt neben der Ruine der alten Kirche in den Berliner Himmel ragt und als Bekenntnis zu einem Wiederaufbau im Zeichen der Moderne verstanden werden kann. Einer, der Deutschland verlassen hatte, konnte davon überzeugt werden, noch einmal für die alte Hauptstadt zu bauen: Der ehemalige Bauhaus-Direktor Ludwig Mies van der Rohe, der die Pläne für die 1968 fertiggestellte Neue Nationalgalerie lieferte. Der stützenlose Hallenraum mit seinem prägnanten Flachdach gilt als Inkunabel der Nachkriegsmoderne. In unmittelbarer Nachbarschaft dazu war bereits 1963 die Philharmonie entstanden, von Hans Scharoun entworfen und geplant als Auftakt für das Kulturforum. Der von außen an ein Zirkuszelt erinnernde Bau (deshalb auch spöttisch „Zirkus Karajani" genannt) gilt als einer der besten Konzertsäle Deutschlands.

Jüdisches Museum, Berlin.

🔍

Der Fernsehturm in Stuttgart

In den 50er-Jahren läutete der Architekt und Bauingenieur Fritz Leonhardt mit dem Bau des Fernsehturms in Stuttgart eine neue Ära im Turmbau ein. Der weltweit erste Turm aus einer Stahlbetonkonstruktion ist 217 Meter hoch und gilt als ästhetisches und architektonisches Meisterwerk. Er löste weltweit eine Welle des Turmbaus aus.

Auch das repräsentative Wohn- und Empfangsgebäude der deutschen Bundeskanzler, der Kanzlerbungalow in Bonn (1963–1966, Sep Ruf) war ein klares Bekenntnis zur modernen Architektur.

Seit den 60er-Jahren hat sich Frankfurt zu einer der wenigen europäischen Städte mit einer Wolkenkratzer-Skyline entwickelt, an der man die Entwicklung des Hochhausbaus exemplarisch nachvollziehen kann. Dass sich selbst im Hochhausbau Hightech und Ökologie vereinen lassen, beweist der Commerzbank Tower (1997, Norman Foster), nebenbei mit 259 m bis dato das höchste Gebäude Deutschlands. Der Bauboom in „Mainhattan" ist auch in Zeiten der Finanzkrise keineswegs im Abflauen, und mit dem 185 m hohen Doppelturm der Europäischen Zentralbank wird Frankfurt 2014 einen neuen spektakulären Zugang verbuchen.

Ähnlich prestigeträchtig wie die repräsentativen Bürobauten sind die Neubau- oder Umbauprojekte großer deutscher Museen. Mit der Staatsgalerie in Stuttgart (1981) hielt die Postmoderne Einzug in die deutsche Museumsarchitektur, der 20 Jahre später eröffnete Neubau des Berliner Jüdischen Museums von Daniel Libeskind vertritt dagegen eine dekonstruktivistische Architekturauffassung – nach Ansicht vieler zu einem so komplexen Museumsinhalt eine ausgesprochen gute Wahl. Auch bei der noch andauernden Neuorganisation der Museumsinsel in Berlin, die dem britischen Architekten David Chipperfield übertragen wurde, geht es um den Umgang mit Geschichte (wie übrigens schon bei Norman Foster, der dem alten Reichstagsgebäude 1999 eine moderne Glaskuppel aufsetzte). Das bereits wiederaufgebaute Neue Museum hat gezeigt, dass das historische Berlin die Moderne nicht zu fürchten braucht …

Die Neue Nationalgalerie in Berlin. Der frühere Bauhaus-Architekt Ludwig Mies van der Rohe hatte diesen Tempel der Kunst aus Glas und Stahl ursprünglich für einen ganz anderen Zweck entworfen: Erste Entwürfe waren für die Bacardi-Verwaltung in Kuba entstanden.

🔍 **Das Olympiastadion in München**

Zu den repräsentativsten Hightech-Bauten der BRD zählt das Olympiastadion München. Es wurde für die Olympischen Sommerspiele 1972 erbaut. Zahlreiche Architekten und Bauingenieure waren an der Planung beteiligt, darunter Günter Behnisch, Frei Otto und Jörg Schlaich. Charakteristisch für den Olympiapark ist die Zeltdachkonstruktion, die sich sanft in die Landschaft einfügt und lokale Bezüge integriert.

Der neue Zollhof im Medienhafen in Düsseldorf.

Lagerfeld, Boss, Joop, Sander

Couture allemande

Modeschöpfer sind Seismographen einer sich wandelnden Gesellschaft. Im 19. Jahrhundert kreierten sie Haute Couture für die obere Schicht der Gesellschaft, die von der unteren profan nachgeahmt wurde. Erst nach dem Zweiten Weltkrieg verlor die Haute Couture ihre Vormachtstellung. Im Amerika und Großbritannien der 50er-Jahre wurde Mode immer stärker von der Straße und der Jugendbewegung geprägt. Nicht so in Deutschland: Hier herrschten bis Anfang des 21. Jahrhunderts Pragmatismus, der Sinn fürs Dauerhafte und Durchschnittliche. Mode in der Bundesrepublik galt lange weit mehr als Wirtschafts- denn als Kulturgut. Kein Wunder also, dass Prêt-à-porter, die tragefertige Bekleidung in Standardgrößen, bei deutschen Designern zuerst ins Blickfeld rückte.

Karl Lagerfeld bei der „Chanel Haute Couture Autumn-Winter 2013–2014 Show" in Paris.

Mode für Millionen – Heinz Oestergaard

Für Extravaganz und Rebellion war die Zeit im Deutschland der Wirtschaftswunderjahre noch nicht reif, dennoch sehnten sich die Frauen nach Schönheit und Eleganz. Heinz Oestergaard, der smarte Modeschöpfer aus Berlin, traf mit Tellerrock und Wespentaille und hoher Qualität den Nerv der Damenwelt. Seine Kleider waren jugendlich, doch weniger extrovertiert als die Pariser Mode. Deutsche Stars wie Zarah Leander, Hildegard Knef und Romy Schneider trugen Oestergaards Roben.

Der Bekleidungsproduzent – Hugo Boss

Keiner Herren-Konfektionsmarke gelang ein Konzern-Aufstieg wie „Hugo Boss". Der Gründer Hugo Ferdinand Boss begann 1923 in Metzingen mit der Produktion von Arbeitskleidung und Uniformen. Nach seinem Tod 1949 traten zunächst sein Schwiegersohn und später dessen Söhne Uwe und Jochen Holy die Nachfolge an. Heute gehört das Unternehmen zur italienischen „Gruppo Marzotto", und die unterschiedlichen „Boss"-Linien werden von großen Designerteams kreiert.

Meister der Angemessenheit – Karl Lagerfeld

Der gebürtige Hamburger hat sich im Laufe seiner schaffensreichen Jahre selbst zum Markenzeichen stilisiert. Seine Modekarriere begann im Paris der 50er-Jahre. Schon damals sah Lagerfeld die Zukunft der Mode im Prêt-à-porter. Er arbeitete als Designer für Marken wie Chloé und Fendi und übernahm in den 80er-Jahren die künstlerische Leitung des Hauses Chanel. Erst 1984 gründete er seine eigene Marke „Karl Lagerfeld". Seine Damenkollektionen waren im Trend der Zeit, ohne Extreme zu propagieren. Lagerfeld entwarf auch für den deutschen Versandhandel und für große Modeketten.

Elegant und extrem – Wolfgang Joop

1973 schuf der studierte Werbepsychologe seine erste Kollektion unter eigenem Namen. 1981, im Alter von 37 Jahren, zeigte der Designer in New York seine erste Prêt-à-porter-Kollektion unter dem Label „Joop!". Joops Erkennungszeichen ist die Verbindung aus Elegantem und Übertreibung, aus künstlerischer Freiheit und preußischer Disziplin. Wie kein anderer verstand es der Modeschöpfer, mit seiner Person für die Marke zu werben.

Zart und hart – Jil Sander

Das Label „Jil Sander" ist seit Jahrzehnten ein Begriff. Das Design hat nicht nur die deutsche Mode geprägt, auch weltweit steht „Jil Sander" mit klaren Linien, zeitlosen Farben und edlen Materialien für stilsicheres Understatement. Mit der offiziellen Frauenmode der 60er-Jahre konnte sich die junge Designerin und Textilingenieurin Heidemarie Jiline Sander nicht identifizieren. Sie wollte eine Mode, die sowohl weich und weiblich als auch arbeits- und alltagstauglich war. Wie schon Chanel und Donna Karen orientierte sich Sander an bewährten Basics männlicher Garderobe. Sie veredelte weiße Hemden und dunkle Anzüge durch Schnitt und Stoffwahl und verlieh ihnen eine unverwechselbare Leichtigkeit und zeitlose Eleganz.

Die deutsche Textilindustrie ist ein wichtiger Wirtschaftszweig. Sie beschäftigt rund 120.000 Mitarbeiter in Deutschland und weitere 280.000 Mitarbeiter im Ausland.

Design made in BRD

Deutschland ist nicht Italien und auch nicht Skandinavien, in Sachen Design liegt die Bundesrepublik im internationalen Vergleich eher auf einer komfortablen Mittelposition. In den traditionellen deutschen Kernkompetenzen – Autos und Fußball – indessen brachten es bundesdeutsche Designer immer wieder zu Höchstleistungen. Auch in den Bereichen Technik und Mode kann sich manch bundesdeutscher Entwurf sehen lassen.

Die Ulmer Schule

Nach dem Zweiten Weltkrieg suchte West-Deutschland wieder den Anschluss sowohl an die internationale Moderne als auch an die abgebrochenen Traditionen der Weimarer Republik. So entstand 1953 die Hochschule für Gestaltung in Ulm. Inge Aicher-Scholl leitete das Institut, an dem unter anderem Otl Aicher und Max Bill lehrten und arbeiteten. Aicher avancierte bald zum vielleicht wichtigsten und einflussreichsten Grafiker der Bundesrepublik; so zeichnete er verantwortlich für das grafische Erscheinungsbild der Olympischen Sommerspiele 1972 und der Lufthansa. Der Schweizer Max Bill entwickelte sich zum bedeutenden Architekten und Designer, sein Ulmer Hocker gilt als Designikone. Der De-

Dagmar Rinker, Leiterin des Archivs der ehemaligen Hochschule für Gestaltung (HfG) in Ulm, inmitten dort gestalteter Arbeiten. Sie hält den sogenannten Ulmer Hocker von Max Bill.

Erik Spiekermann (links), einer von Deutschlands einflussreichsten Typografen und Mitglied der Jury, Außenminister Guido Westerwelle, Model Waris Dirie und Comedian Michael Mittermeier eröffnen den Design-Wettbewerb zur Suche des „human rights"-Logos, 2011.

Der Bofinger-Stuhl von Helmut Batzner aus dem Jahr 1964.

signer Hans Gugelot schrieb ebenfalls Designgeschichte an der Ulmer Hochschule; er etablierte vor allem die Idee des Systemdesigns, die sehr erfolgreich auf Möbel und Hi-Fi-Anlagen übertragen wurde.

Interne Auseinandersetzungen und die mangelnde Unterstützung des Landes Baden-Württemberg und des Bundes führten 1968 zur Schließung der bedeutendsten deutschen Designschule seit dem Bauhaus.

Den Apfel ins Rollen gebracht

Manchmal braucht es Jahre oder Jahrzehnte, bis ein Design und damit dessen Urheber die wahrhaftige und globale Anerkennung erhält, die es verdient. So geschehen in den letzten zehn Jahren mit den stilvollen Kreationen von Dieter Rams. Der deutsche Industriedesigner der Moderne wurde in den 50er- und 60er-Jahren durch sein klares, einfaches und nutzerfreundliches Produktdesign für die Firma Braun bekannt sowie als Möbeldesigner für die Firma Otto Zapf. In den medialen Fokus geriet Rams einmal mehr, als der Chef-Designer des amerikanischen Computerriesen Apple, Jonathan Ive, viele moderne technische Produkte wie den iPod an Rams' Kreationen anlehnte und dies offen postulierte.

Die Nummer eins im Sport

Sportliches Design hat in Deutschland eine lange Tradition, auch wenn die daraus resultierenden Produkte nicht immer nur sportlichen Zwecken dienen. Allen voran waren es die Brüder Dassler, die zunächst gemeinsam, dann getrennt mit ihren Firmen Adidas und Puma stilprägende Schuhe und Sportartikel gestalteten. Bis heute zählen vor allem die drei Streifen von Adidas zum Genialsten, was der Bereich Corporate Identity zu bieten hat. Selbst auf dem so elementar mit Deutschland verbundenen Automarkt waren es vor allem die sportlichen Modelle, deren Design globale Beachtung fanden: Der Porsche 911, entworfen von Ferdinand Alexander Porsche mit Design-Legende Erwin Komenda, der schon dem weltweit erfolgreichen VW-Käfer seine unverwechselbare Form gegeben hatte, wurde direkt nach seiner Geburtsstunde, dem 14. September 1964, ein Riesenerfolg. Ähnlich erging es dem von dem Deutschen Wilhelm Karmann in Zusammenarbeit mit der Firma Ghia auf den Markt gebrachten Zweisitzer Karmann Ghia, nach dem sich bis heute Autodesignliebhaber die Finger lecken.

Otl Aicher vor seinen Entwürfen der Piktogramme für die Olympischen Sommerspiele 1972.

Das berühmte Lufthansa-Logo von Otl Aicher.

Luigi Colani präsentiert seinen „Colani-Speedster" auf der Essen Motor Show, 2002.

Visionen für die Zukunft

Luigi Colani und Günter Belzig katapultieren die Bundesrepublik in eine andere Dimension; das Space-Age war auch in Deutschland angekommen. Colani entwarf 1969 eine futuristische, kugelförmige Küche, mit der die moderne Hausfrau auch im Weltall problemlos ein tadelloses Menü hätte zaubern können – in orangefarbener Plastikverkleidung, versteht sich. Seine LKW-Zugmaschinen sahen aus wie Ameisenköpfe und waren zudem aerodynamisch. Zusammen mit Günter Belzig schuf Colani Möbel, die aus einem Science-Fiction-Film zu stammen schienen. Bei den meisten ihrer Arbeiten bevorzugten sie organische, fließende Formen und vermieden Ecken und Kanten nach Möglichkeit. Damit zählen beide zu den Wegbereitern des Biodesigns. Auch wenn viele ihrer Arbeiten Futurismus blieben und nie in Serie gingen, gehören Colani und Belzig dank ihren Visionen zum Kreis der bedeutendsten deutschen Designer.

Die prägenden Künstler der BRD

Nach der NS-Propagandakunst schien vielen Künstlern Abstraktion ein Synonym für Freiheit. Sie suchten Anschluss an die internationale Moderne, Informel und Tachismus. Gegen deren Kunstbegriff formierte sich in den 60er-Jahren eine Bewegung, die die Idee, die Aktion, das Happening anstelle des Werkes rückte, die Grenzen zwischen Kunst, Leben und Politik sprengen wollte. In ihrem Zentrum stand Joseph Beuys. Der Meister der Selbstinszenierung wurde zur heftig umstrittenen Kultfigur eines radikal neuen Deutschlands. In der legendären Kunstaktion „wie man dem toten Hasen die Bilder erklärt" wanderte er mit vergoldetem Kopf und einer Hasenleiche im Arm durch eine Galerie. Beuys, der gern mit Fett und Filz arbeitete, war der erste Deutsche, dem das New Yorker Guggenheim-Museum 1979 eine Retrospektive widmete.

Mit einem Skandal begann auch die Karriere von Georg Baselitz, dem Vertreter eines neuen „pathetischen Realismus", der gegen die Prüderie der Nachkriegsgesellschaft rebellierte: 1963 ließ die Staatsanwaltschaft seine Werke „Der nackte Mann" und „Die große Nacht im Eimer", eine onanierende zombiehafte Figur mit Riesenphallus, beschlagnahmen. Weltruhm erlangte der Maler, als er anfing, die Motive seiner Bilder, zumal Menschen und Bäume, auf den Kopf zu stellen.

„Einen stillen Wilden" nannte Handke Anselm Kiefer, der sich auf verstörende Weise mit den Mythen und der Geschichte Deutsch-

Georg Baselitz 2013 in einer Ausstellung anlässlich seines 75. Geburtstages im Essl Museum, Klosterneuburg.

Joseph Beuys. Der Meister der Selbstinszenierung wurde zur heftig umstrittenen Kultfigur der deutschen Kunstwelt. Darüber: Beuys Fettblöcke in einer Berliner Ausstellung.

Neo Rauch vor seinem Gemälde „Die Abwägung".

Künstler, der mit zahlreichen Stilformen experimentierte, vor allem für seine nach Fotos verfertigten Gemälde. Aufsehen erregte er 1988 mit einer Porträtserie von RAF-Terroristen. Dabei sieht er seine Bilder als ideologiefrei an. Sein Markenzeichen ist die Verfremdung fotografischer Vorlagen, durch die unscharfe, verwischte Figuren und Stillleben von poetischer Schönheit entstehen.

Während Richter 1961 nach Westdeutschland geflohen war, blieb der ein Jahr zuvor geborene Neo Rauch in seiner Heimat verwurzelt. Als Wegbereiter der Neuen Leipziger Schule stieg er nach der Wende zum Star seiner Generation auf. Auf Rauchs Bildern trifft der sozialistische Realismus auf Pop-Art und Comics, begegnen sich Gestalten verschiedenster Epochen, entrücken Alltagszenen ins Traumhafte. Als „magischer Realismus" wird sein Stil oft bezeichnet. Amerikanische Sammler reißen sich um seine Gemälde, die Geschichten voller Rätsel erzählen.

lands auseinandersetzte. Dafür bediente er sich Gedichtzeilen ebenso wie Nazi-Symbolen. Kiefer, meinte der britische Kunsthistoriker Norman Rosenthal, verbinde „das Schreckliche und das Schöne an seinem Land auf grandiose Weise". Während seine monumentalen, beklemmend faszinierenden Bilder in der BRD Kontroversen auslösten, stiegen ihre Preise auf dem Kunstmarkt rasant.

Wirklich schwindelerregende Summen erzielt auf Auktionen Gerhard Richter. Bekannt ist der in Dresden geborene

Gerhard Richter.

Anselm Kiefer steht in seinem Atelier im südfranzösischen Barjac.

documenta

Alle fünf Jahre wird Kassel zum Mekka der internationalen Kunstavantgarde. Die 1955 erstmals eröffnete documenta gilt heute weltweit als wichtigste Ausstellung zeitgenössischer Kunst.

Die großen Kunstsammlungen

Die Bundesrepublik ist ein Kulturland, der deutsche Reichtum ist auch ein kultureller. Die Liste der wichtigen und sehenswerten Museen und Sammlungen ist so lang, sie würde ein ganzes Buch füllen. In allen Regionen, Städten und Bundesländern gibt es unendlich viel zu sehen. Ob staatlich oder privat, ob groß oder klein – der kulturhungrige Besucher hat die Qual der Wahl zwischen Alten Meistern, moderner Malerei, Rauminstallationen, Bildhauerei, Fotografie, Film-, Video- und Konzeptkunst. Aber auch die Architekten der Museen buhlen um Anerkennung. Und manchmal scheint die Besonderheit des Gebäudes fast genauso wichtig wie die Exponate.

Museum Frieder Burda

Frieder Burda sammelte aus Lust und Leidenschaft Kunst. Wenn Farbe oder emotionale Ausdruckskraft ihn ansprachen, kaufte er, und er kaufte viel. Es entstand eine Sammlung bedeutender internationaler Kunstwerke, die seit 2004 in Baden-Baden in einem privaten Tageslichtmuseum, das der Kunsthalle Baden-Baden angegliedert ist, ihren Standort hat. Schwerpunkte der mehr als 1.000 Exponate umfassenden Sammlung sind: deutscher und abstrakter Expressionismus, deutsche Malerei ab 1960 sowie Malerei ab 1990. Aber auch zahlreiche Skulpturen bedeutender Künstler wie Arp, Balkenhol, Niki de Saint-Phalle oder Miró bereichern die Sammlung.

Gemäldegalerie Berlin

Die Berliner Sammlung der alten Meister wurde zwar von Anfang an gefördert durch das preußische Königshaus, dennoch entstand und wuchs sie im Gegensatz zu vielen ehemals fürstlichen Privatsammlungen primär nach wissenschaftlichen Kriterien. Heute gilt sie neben den Sammlungen Dresdens und Münchens als bedeutendste Gemäldegalerie Deutschlands. Rund 3.000 Werke vom Mittelalter bis ins 18. Jahrhundert, darunter zahlreiche Arbeiten von Rembrandt, Caravaggio und Rubens, bieten eine beeindruckende Schau europäischer Malerei aus sechs Jahrhunderten. Während der deutschen Teilung waren auch die Bestände der Galerie aufgeteilt, 1992 wurden auch sie wiedervereinigt.

Hamburger Kunsthalle

1869 wurde die Hamburger Kunsthalle eröffnet, die auf der Öffentlichen Städtischen Gemäldegalerie von 1850 und deren stetig wachsenden Sammlungen basierte. Der erste Direktor, Alfred Lichtwark, entwickelte mit viel Know-how eine der heute bedeutendsten Kunstsammlungen Deutschlands und war einer der ersten Museumspädagogen. Auf mehr als 13.000 qm Fläche werden die Sammlungen Alter Meister, Klassische Moderne sowie ein Kupferstichkabinett mit über 100.000 Blättern vom 15. Jahrhundert bis zur Gegenwart präsentiert.

Alte Pinakothek München

Wer Dürers berühmtes „Selbstbildnis im Pelzrock" oder die „Alexanderschlacht" von Albrecht Altdorfer im Original sehen will, muss sich nach München aufmachen. Dort hängen diese beiden Inkunabeln der deutschen Kunstgeschichte neben vielen anderen berühmten Werken der europäischen Malkunst vom 14. bis 18. Jahrhundert. Initiator der Galerie, die 1836 ihre Pforten öffnete, war König Ludwig I. von Bayern, der die Früchte seiner Sammelleidenschaft dem Volk zugänglich machen wollte. Der eigens dafür entworfene Museumsneubau – damals einer der modernsten – bot nach Kriegsbeschädigung und Wiederaufbau dieser erstklassigen Sammlung einen würdigen Rahmen.

Die Hamburger Kunsthalle zeigt 2012 die Ausstellung „Müde Helden".

Das Museum Frieder Burda
In Baden-Baden.

Eine kleine Auswahl der berühmtesten Kunstmuseen der Bundesrepublik

- ▶ Kunsthalle Schirn, Frankfurt
- ▶ Städel Museum, Frankfurt
- ▶ Wallraff-Richartz-Museum, Köln
- ▶ Museum Ludwig, Köln
- ▶ Sprengel Museum, Hannover
- ▶ Kunstsammlung Nordrhein-Westfalen, Düsseldorf
- ▶ Staatsgalerie Stuttgart
- ▶ Kunsthalle Bremen
- ▶ Germanisches Nationalmuseum Nürnberg
- ▶ Grünes Gewölbe, Dresden
- ▶ Gemäldegalerie Alte Meister, Dresden

Die Alte Pinakothek
in München.

Die Bundespräsidenten der BRD

Der Bundespräsident gilt als unantastbar – das Amt schwebt über der Welt des politischen Kleinkriegs. Theoretisch zumindest. Tatsächlich standen die Bundespräsidenten schon immer auch im Fokus kritischer Betrachtung, in den Medien wie bei der Bevölkerung. Das fing schon bei Heinrich Lübke an. Seine Rolle im Dritten Reich führte dazu, dass er in den 60er-Jahren als „KZ-Baumeister" bezeichnet wurde, woraufhin er zwei Monate vor Ablauf seiner Amtszeit zurücktrat.

Das war Novum und Skandal in der noch jungen BRD, und es sollte kein Einzelfall bleiben. Auch Karl Carstens warf man vor seiner Wahl zum Bundespräsidenten seine NSDAP-Vergangenheit vor – er wurde dennoch gewählt. Johannes Rau verfolgten verschiedene Affären aus seiner Zeit als NRW-Ministerpräsident, ernsthaft beschädigen konnten sie ihn allerdings nicht. Ganz anders verlief die Präsidentenkarriere seiner beiden Nachfolger. Horst Köhler, 2009 für eine zweite Periode als Bundespräsident wiedergewählt, warf nur ein Jahr später und für die Öffentlichkeit völlig überraschend das Handtuch, nachdem er für Äußerungen zu ausländischen Truppeneinsätzen angegriffen worden war. Dieser Schritt führte zu heftigster Kritik – es schien, als sei das Amt des Bundespräsidenten endgültig in den Untiefen der alltäglichen politischen Auseinandersetzung angekommen. Zumal gemutmaßt wurde, der wahre Grund für Köhlers abrupten Rückzug läge in der Entfremdung zwischen ihm und der damaligen Bundesregierung. Hatte vor allem Richard von Weizsäcker noch erfolgreich demonstriert, dass der Bundespräsident sein Amt gerade als unabhängiges Korrektiv zur Regierung nutzen und damit aufwerten kann, so erschien Köhler durch seinen Rücktritt schwach und dünnhäutig. Der Schock über diesen zweiten vorzeitigen Rücktritt in der Geschichte der Bundesrepublik saß tief – im Vergleich zu Köhlers Kapitulation erschien Lübkes Rückzug wie eine Lappalie. So richtete sich die ganze Hoffnung der Nation auf den Nachfolger, der den Nimbus und die Stabilität des Amtes wiederherstellen sollte.

Christian Wulff, dem ehemaligen Ministerpräsidenten von Niedersachsen, fiel diese Aufgabe zu. Doch es kam noch viel schlimmer: Nach anderthalb Jahren im Amt brach über ihn und die Nation eine Affäre herein, die das Amt schwerer beschädigte als alles zuvor. Es ging um den Verdacht der Vorteilsnahme, auch die versuchte Behinderung der Presse warf man ihm vor. Die Anschuldigungen wogen schwer; Wulff agierte äußerst ungeschickt, so blieb ihm nach rund zwei Monaten Dauerfeuer durch die Medien keine andere Wahl als zurückzutreten. Einen Tag nachdem die Staatsanwaltschaft die Aufhebung seiner Immunität beantragt hatte, gab Wulff auf. Dies war ein Skandal ohnegleichen, und der politische Schaden war immens. Es ist nun an Joachim Gauck, dem Amt seine Würde zurückzugeben. Keine einfache Aufgabe, doch Gauck scheint sie mit Leichtigkeit zu meistern.

Der offizielle Amtssitz des Bundespräsidenten ist das Schloss Bellevue in Berlin (im Bild).

1. Theodor Heuss (1884–1963)

Der erste Bundespräsident (1949–1959) war Mitbegründer der FDP. „Papa Heuss", wie er liebevoll genannt wurde, war eine der wichtigsten Persönlichkeiten der Nachkriegsgeschichte. Nach innen schuf er als väterliche Identifikationsfigur Vertrauen in die noch junge Demokratie, während er im Ausland Großes leistete, um die völlige Isolation Deutschlands nach dem Krieg zu überwinden. Seine Rolle als Korrektiv und Gegengewicht zum dominanten ersten Bundeskanzler Adenauer wusste Heuss bestens zu nutzen. Man kann ihn mit Fug und Recht als einen der Gründungsväter der Bundesrepublik bezeichnen.

2. Heinrich Lübke (1894–1972)

Der vormalige Bundesminister für Ernährung, Landwirtschaft und Forsten engagierte sich während seiner ersten Amtszeit (1959–1964) besonders für Entwicklungshilfe und Hungerbekämpfung. 1964 wurde der CDU-Politiker mit den Stimmen der SPD wiedergewählt, was als Vorzeichen einer kommenden großen Koalition gewertet wurde. Lübkes Ruf nahm Schaden, als seine berufliche Tätigkeit im Dritten Reich und einige unglückliche Aussprüche während seiner Zeit als Präsident in die Diskussion gerieten. Zumindest die ihm angelasteten Zitate erwiesen sich als Erfindungen der Presse.

3. Gustav Heinemann (1899–1976)

Der SPD-Politiker, der lieber „Bürger-" als „Staatspräsident" sein wollte, amtierte von 1969 bis 1974. Er förderte im Besonderen die demokratischen, liberalen Traditionen im Inneren und die Aussöhnung mit den europäischen Nachbarländern. Seine politische Karriere hatte Gustav Heinemann in der CDU begonnen, die er aus Protest gegen die Wiederbewaffnung der Bundesrepublik 1952 verließ; fünf Jahre später wurde er Mitglied der SPD. Heinemann engagierte sich auch nach seiner Amtszeit stark gegen die militärische Aufrüstung.

4. Walter Scheel (* 1919)

Der FDP-Mann war von 1974 bis 1979 der vierte Bundespräsident. Unter der Regierung Brandt hatte er das Amt des Aussenministers und Vizekanzlers bekleidet. Das Streben nach Ausgleich und das Engagement für die sozialen Mitwirkungsrechte der Bürger prägten seine Amtszeit. Scheel ist bis heute der einzige Bundespräsident, der sogar einen Hit in den deutschen Singlecharts verbuchen konnte: Kurz vor seiner Wahl zum Präsidenten erreichte seine zu Wohltätigkeitszwecken aufgenommene Version des Volkslieds „Hoch auf dem gelben Wagen" den fünften Platz. Auch nach seiner Amtszeit bleib Scheel gesellschaftlich aktiv und übernahm eine Vielzahl von Ehrenämtern. Mildred Scheel, seine 1985 verstorbene Ehefrau, genoss als engagierte Kämpferin gegen Krebs weltweit hohes Ansehen.

🔍 Das höchste Amt im Staat

Auch wenn der Bundespräsident das Staatsoberhaupt der Bundesrepublik Deutschland ist, hat er doch nur bedingt politische Macht – die Regierungsgewalt obliegt dem Bundeskanzler und den Ministern. Die Hauptaufgabe des Präsidenten ist das Repräsentieren des Staates im In- und Ausland.

Weitere Aufgaben: Unterzeichnung von Gesetzen, Ernennung und Entlassung der Mitglieder der Bundesregierung, Vorschlag des Kanzlers, Ausübung der „Reservevollmachten" in Krisenzeiten.

Das hohe Ansehen des Amtes gewährleistet zudem potentiell großen politischen Einfluss. Die Stimme des Bundespräsidenten wird gehört.

5. **Karl Carstens** (1914–1992)

Der „Wanderpräsident" (1979-1984) gab sich betont volksnah und erwarb so große Sympathie in der Bevölkerung. Wie zuvor Heinrich Lübke musste sich der CDU-Politiker Carstens mit heftiger Kritik an seiner früheren Mitgliedschaft in SA und NSDAP auseinandersetzen. Im Gegensatz zum Vorgänger Gustav Heinemann, der mit der Friedensbewegung sympathisierte, lehnte Carstens deren Forderungen entschieden ab. Berühmt wurde sein politischer Streit aus dem Jahr 1974 mit dem Schriftsteller Heinrich Böll, dem Carstens öffentlich – vermutlich in Unkenntnis der Tatsachen – Sympathie für Terrorismus unterstellt hatte. Insgesamt aber gab sich Carstens als politisch zurückhaltender Präsident.

6. **Richard von Weizsäcker** (* 1920)

Der CDU-Politiker gilt als einer der bedeutendsten Präsidenten der Bundesrepublik (1984–1994), denn er war nicht nur in der Bevölkerung sehr beliebt, sondern er scheute auch nicht davor zurück, die politische Klasse offen zu kritisieren. Stärker als seine Vorgänger betonte Weizsäcker die politischen Dimensionen seines Amtes; so wurde er oft als Gegenpol zu seinem Parteifreund, Bundeskanzler Helmut Kohl, angesehen. Unvergessen bleibt Weizsäckers Rede zum 40. Jahrestag des Kriegsendes, in der er den 8. Mai 1945 als Tag der Befreiung bezeichnete, was damals für viele Konservative eine Provokation darstellte.

7. **Roman Herzog** (* 1934)

Der siebte Bundespräsident (1994–1999) war gleichzeitig der erste Bundespräsident der „Berliner Republik". Er ist besonders für seine „Ruck"-Rede von 1997 bekannt, in der er die Deutschen aufrief, den Mut zur Veränderung aufzubringen, die das Land dringend benötige. Herzog kritisierte die Mentalität der Besitzstandswahrung, die zu Stillstand führe. Damit begründete er die Tradition der „Berliner Rede". Der CDU-Politiker und ehemalige Präsident des Bundesverfassungsgerichts führte auch den offiziellen Gedenktag für die Opfer des Nationalsozialismus ein.

8. **Johannes Rau** (1931–2006)

Im Gegensatz zu seinem Vorgänger war Johannes Rau dank seiner langen und erfolgreichen politischen Karriere den Deutschen schon vor seiner Wahl bestens bekannt. Vor seiner Amtszeit als Bundespräsident von 1999 bis 2004 war er 20 Jahre lang Ministerpräsident von Nordrhein-Westfalen gewesen, 1987 trat er als Kanzlerkandidat der SPD bei der Bundestagswahl an. Rau handelte als Bundespräsident gemäß seinem Lebensmotto „versöhnen statt spalten". Sein Engagement galt der Aussöhnung mit Israel und der Integration von Zuwanderern und Minderheiten. Der 2006 verstorbene Rau war mit der Enkelin von Gustav Heinemann, Christina Rau, verheiratet.

9. **Horst Köhler** (* 1943)

Als Köhler 2004 Bundespräsident wurde, kannten nur wenige den CDU-Politiker, obwohl er bereits auf eine lange und erfolgreiche politische Laufbahn zurückblicken konnte. Während der deutschen Wiedervereinigung agierte er als finanzpolitischer Unterhändler und Berater von Bundeskanzler Kohl. 2000 wurde er Präsident des Internationalen Währungsfonds, wo er sich für die Belange der Entwicklungsländer stark machte. Obwohl Köhlers Nominierung für das Amt des Bundespräsidenten von vielen als Verlegenheitslösung betrachtet wurde, erwarb er nach seiner Wahl schnell große Popularität. Köhler schaltete sich ins politische Tagesgeschehen ein und scheute auch den Konflikt mit der Bundesregierung nicht. Im Mai 2010, nur ein Jahr nach seiner Wiederwahl, erklärte er überraschend seinen Rücktritt, der vielerorts auf Unverständnis stieß.

10. Christian Wulff (* 1959)

Der zehnte und jüngste Bundespräsident machte nicht nur mit seinem Ausspruch über die Zugehörigkeit des Islam zu Deutschland von sich reden: Der CDU-Politiker und ehemalige Ministerpräsident von Niedersachsen geriet wegen einer Kredit- und Medienaffäre in die Kritik, was ihn im Februar 2012 nach nur knapp zwei Jahren Amtszeit zu einem Rücktritt bewog. Dieser abermalige Rückzug eines Bundespräsidenten innerhalb von nur zwei Jahren blieb nicht ohne Ansehensverlust fürs das Präsidentenamt.

11. Joachim Gauck (* 1940)

Der seit dem 11. März 2012 amtierende Bundespräsident ist parteilos, ging allerdings als Kandidat von SPD und Grünen in die Bundespräsidentenwahl. Nachdem er zuvor 2010 Christian Wulff im dritten Wahlgang unterlegen war, wurde er nach dessen Rücktritt von einer breiten Parteienkoalition gewählt. Der frühere evangelische Pastor nutzt seine politische Eigenständigkeit, indem er sich an öffentlichen Diskussionen beteiligt und auch politisch Stellung bezieht. Für sein bisheriges Wirken erhielt er zahlreiche Ehrungen und Auszeichnungen. Gauck, der schon früh in Opposition zur Diktatur der DDR ging, war von 1991 bis 2000 Bundesbeauftragter für die Unterlagen des Staatssicherheitsdienstes der ehemaligen DDR.

Bundespräsidentin?

Es gab bereits mehrere Kandidatinnen für das Amt: Hildegard Hamm-Brücher etwa trat für die FDP an (1994), Annemarie Renger und Gesine Schwan für die SPD (1979, 2004/2009), Luise Rinser für die Grünen (1984), Dagmar Schipanski für die CDU (1999), Uta Ranke-Heinemann, Luc Jochimsen und Beate Klarsfeld für PDS/Linke (1999, 2010, 2012). Bei der Wahl durchsetzen konnte sich bisher noch keine Frau.

Die Wahl

Ein Kandidat für das Präsidentenamt wird von einer oder mehreren Bundestagsparteien vorgeschlagen. Daraufhin wählt die Bundesversammlung in drei Durchgängen den Präsidenten, der dann vom Bundestagspräsidenten vereidigt wird. Die Amtszeit beträgt fünf Jahre, danach darf für eine weitere Amtsperiode kandidiert werden. Von den elf bisherigen Präsidenten wurden vier ein zweites Mal gewählt, die übrigen stellten sich nicht erneut zur Wahl.

Und die First Lady?

Die etablierte Rolle der Ehefrauen und Partnerinnen des Bundespräsidenten ist: Engagement für wohltätige Zwecke. Traditionell übernehmen sie die Schirmherrschaft des Müttergenesungswerks und von UNICEF in Deutschland, neben der Unterstützung zahlreicher weiterer sozialer Projekte und Organisationen.

Die Kanzler der Deutschen

„Nehmen Sie die Menschen, wie sie sind, andere gibt's nicht!"

Konrad Adenauer

Die Deutschen schätzen Stabilität: Zwischen 1949 und 2013 gab es gerade einmal acht Regierungschefs. Auch wenn sie unweigerlich zu Figuren der Geschichte werden, während Rivalen und Konkurrenten in Vergessenheit geraten – unumstritten sind die Kanzler selten.

Der erste Bundeskanzler Konrad Adenauer beispielsweise, der gleich 14 Jahre im Amt blieb, wurde nur mit der knappen Mehrheit von einer Stimme gewählt (seiner eigenen)! So wie der distanziert-autoritäre Kölner der jungen Republik seinen Stempel aufdrückte, so prägte jeder Kanzler auf seine eigene Art das Land und die Gesellschaft. Sein Nachfolger Ludwig Erhard war bei Amtsantritt schon über den Höhepunkt der eigenen Popularität hinweg, dennoch: der begnadete Ökonom galt als Garant des Wohlstands.

Willy Brandt steht für das „andere Deutschland", unter seiner Regierung wurde die Aufarbeitung der Vergangenheit endlich angepackt – über seinen berühmten Kniefall in Warschau (1970) erzürnten sich damals landesweit die Konservativen, seine Entspannungspolitik war für viele ein rotes Tuch, obwohl im dafür 1971 der Friedensnobelpreis verliehen wurde. Vom Visionär zum Pragmatiker: Helmut Schmidt. Der kettenrauchende, selbstbewusste Hanseat regierte effizient und mit großer Kompetenz und zeigte in den schwierigen Zeiten des „Deutschen Herbstes" auch Härte, wenn es unvermeidlich schien. Die CDU hält die Kanzler-Rekorde: Sie stellte fünf Bundeskanzler und mit Helmut Kohl denjenigen mit der längsten Amtszeit – bisher. Kohl kam durch ein fingiertes Misstrauensvotum an die Macht – er löste Schmidt ab und regierte 16 Jahre mit enormem Machtinstinkt, Unbeirrbarkeit und Ausdauer. Der „Wohlstandsbuddha" hat es zu historischem Format gebracht: Seinem Gesprächsgeschick und entschlossenem Handeln haben wir die Wiedervereinigung zu verdanken.

Gerhard Schröder führte die erste rot-grüne Koalition auf Bundesebene, er präsentierte sich als energischer „Anpacker", als Managertyp, und er gab gerne bodenständige Ansichten zu Protokoll: Regiert werde in Deutschland „mit BILD, BamS und Glotze".

Mit Angela Merkel wurde 2005 erstmals eine Frau ins Amt gewählt, damit kam die Frage nach der Sprachregelung auf: Frau Bundeskanzler? Heißt es im Plural Kanzler oder Kanzler und Kanzlerinnen? 15 Jahre nach der Wiedervereinigung steht außerdem mit Merkel zum ersten Mal eine Ostdeutsche an der Spitze der Regierung. Sie wird als die verlässliche, ruhige Landesmutter angesehen, die Stabilität garantiert.

Politische Macht

Das Protokoll sieht den Bundeskanzler „nur" an dritter Stelle (hinter dem Bundespräsidenten und dem Bundestagspräsidenten), dennoch ist er – oder sie – faktisch mächtigster Amtsträger im Land.

Denn der Kanzler bestimmt, welchen Kurs eine Regierung einschlägt, welche Ziele sie sich setzt und welcher Projekte sie sich annimmt. Auch wenn die Minister einer Regierung mitunter einen eigenen Kopf haben, behält dennoch der Kanzler die Richtlinienkompetenz. Damit liegen die wichtigen Entscheidungen letztlich bei ihm. Die Zusammensetzung der Regierung und die Vergabe der Ministerämter regelt der Kanzler (in spe) meist bereits vor der Wahl. Zu den Befugnissen und Aufgaben eines Kanzlers gehört auch die Befehls- und Kommandogewalt über die Streitkräfte im Verteidigungsfall.

Konrad Adenauer, CDU
Amtszeit: 1949–1963

Adenauer wurde 1949 zum ersten Bundeskanzler gewählt, er prägte eine ganze Ära. Ihm gelang es, neben dem demokratischen und wirtschaftlichen Wiederaufbau eine Einbindung in die Gemeinschaft der freien Länder des Westens (z.B. EWG-Gründung) zu stemmen. Adenauer schaffte das eigentlich Unvorstellbare: die Versöhnung mit Frankreich und erste Annäherungen in Richtung deutsch-jüdischer Aussöhnung.

Ludwig Erhard, CDU
Amtszeit: 1963–1966

Der Vater der sozialen Marktwirtschaft und Initiator der Währungsreform war zu Adenauers Zeiten bedeutender Wirtschaftsminister – dank ihm erlebte das Nachkriegsdeutschland sein „Wirtschaftswunder". Als Kanzler hielt er sich nur drei Jahre, da wirtschaftliche und finanzpolitische Streitfragen zum Ende der Koalition aus CDU/CSU und FDP führten.

Kurt Georg Kiesinger, CDU
Amtszeit: 1966–1969

Er führte die erste Große Koalition von CDU/CSU und SPD an, die besonders in der Wirtschafts- und Finanzpolitik gefordert war. Unter seiner Regierung wurden die Notstandsgesetze verabschiedet – jedoch gegen erheblichen Protest: Es bildete sich unter der Führung der Studentenbewegungen, der „68er", eine starke außerparlamentarische Opposition, die letztendlich grundlegende gesellschaftliche Umwälzungen herbeiführte.

Die Wahl

Die Kanzlerkandidaten werden zunächst von den Parteien aufgestellt. Gewinnt eine Partei bei der Wahl eine relative oder absolute Mehrheit, schlägt der Bundespräsident ihren Kandidaten formell dem Parlament vor. Dort muss er – oder sie – eine absolute Mehrheit der Bundestagsabgeordneten hinter sich vereinen, was bislang immer gelang – ein zweiter Wahlgang war noch nie vonnöten. Erhält der Kandidat also die Mehrheit der Stimmen, ernennt ihn der Bundespräsident, anschließend wird er vom Bundestagspräsidenten vereidigt.

Der Bundestag kann einen Kanzler nur absetzen, wenn gleichzeitig ein neuer gewählt wird (konstruktives Misstrauensvotum). Umgekehrt kann der Kanzler die Unterstützung des Parlaments auch durch das Stellen der Vertrauensfrage prüfen oder einfordern.

Willy Brandt, SPD
Amtszeit: 1969–1974

Helmut Schmidt, SPD
Amtszeit: 1974–1982

🔍 Der Amtssitz

Seit dem Regierungsumzug 1999 ist Berlin erster Amtssitz, 2001 wurde das neue Bundeskanzleramt bezogen. Das von Axel Schultes entworfene Gebäude ist eines der größten Quartiere eines Regierungschefs weltweit. Zuvor waren das Palais Schaumburg (1949–1976) und das Bonner Kanzleramt (1976–1999) Hauptsitz, Ersteres ist weiterhin als zweiter Amtssitz in Benutzung.

Der gesellschaftliche Wandel schlug sich 1969 auch bei den Bundestagswahlen nieder: Zum ersten Mal überflügelte die SPD die CDU, Brandt wurde als erster Sozialdemokrat Bundeskanzler. „Mehr Demokratie wagen" war seine Losung, mit der er die gesellschaftliche Liberalisierung und eine neue Ostpolitik einleitete. Die Geste, die nachdrücklich von seiner Größe und seinem Weitblick zeugte: der Kniefall von Warschau.

Der Nachfolger von Brandt führte die sozialliberale Koalition ab 1974 fort. Seine ersten Amtsjahre waren vom Terror der RAF überschattet, dem er mit Entschlossenheit entgegentrat. Aber „Schmidt-Schnauze" machte sich mit der Unterstützung des NATO-Doppelbeschlusses in den eigenen Reihen mehr Feinde als Freunde, während haushaltspolitische Fragen 1982 zum Zerfall seiner Koalitionsregierung führten. Auch nach dem Ende seiner Amtszeit blieb Schmidt eine der einflussreichsten Persönlichkeiten der Bundesrepublik.

🔍 „Kanzler" für neun Tage

Nach dem Rücktritt von Bundeskanzler Willy Brandt am 7. Mai 1974 nahm Walter Scheel auf Bitten des Bundespräsidenten die Amtsgeschäfte des Bundeskanzlers wahr, bis Helmut Schmidt am 16. Mai 1974 zum neuen Bundeskanzler gewählt wurde. Scheel wurde im Anschluss Bundespräsident.

Helmut Kohl, CDU
Amtszeit: 1982–1998

Gerhard Schröder, SPD
Amtszeit: 1998–2005

Angela Merkel, CDU
Amtszeit: seit 2005

Der „Kanzler der Einheit" stand ganze 16 Jahre an der Regierungsspitze. Helmut Kohl wirkte nachdrücklich für die deutsche Wiedervereinigung, die am 3. Oktober 1990 unter Zustimmung aller außenpolitischen Partner und Verbündeten gelang. Höheres Ziel neben einem geeinten Deutschland war ein geeintes Europa. Als Anerkennung für seine Verdienste, u. a. die Einführung des Euro, wurde er „Ehrenbürger Europas". 1999, ein Jahr nach dem Ende seiner Amtszeit, fügte die CDU-Spendenaffäre Kohls Ruf und Ansehen erheblichen Schaden zu.

Mit ihm gab es zum ersten Mal eine rot-grüne Koalition im Bundestag. Schröders Amtszeit war geprägt vom NATO-Einsatz im Kosovo, von der internationalen Terrorbekämpfung sowie im Innern vom ersten Ausstieg aus der Kernenergie und von den Reformen der Agenda 2010. Am Ende wurden die Widerstände gegen seine Reformpolitik („Agenda 2010") zu groß, weswegen er 2005 die Vertrauensfrage stellte, um eine vorgezogene Bundestagswahl zu erwirken. Diese verlor Schröder knapp gegen Angela Merkel.

Mit der Quereinsteigerin aus der Wissenschaft steht seit 2005 zum ersten Mal eine Ostdeutsche an der Spitze der deutschen Regierung. Zunächst regierte sie in der zweiten Großen Koalition zusammen mit den Sozialdemokraten von 2005 bis 2009. Die Bundestagswahl 2009 brachte einen Wechsel zur schwarz-gelben Koalition unter Merkels Führung. Ihre größte Herausforderung bestand bislang in der Bewältigung der Bankenkrise nach 2007 sowie der europäischen Finanzkrise seit 2009, wobei sie eine weltweit respektierte Führungsrolle einnahm. 2012 belegte sie auf der Liste der weltweit mächtigsten Personen des Forbes Magazine den zweiten Platz.

🔍 Die ostdeutschen „Gegenspieler" der Bundeskanzler

Das vom Kalten Krieg geprägte deutsch-deutsche Verhältnis war immer angespannt. Erst während der Kanzlerschaft Willy Brandts zeichnete sich eine vorsichtige Annäherung ab, die grundlegende Antipathie blieb jedoch bestehen. Die beiden wichtigsten Politiker der DDR und damit Gegenspieler der bundesrepublikanischen Kanzler waren Walter Ulbricht (von 1950 bis 1971 Generalsekretär des ZK der SED) und Erich Honecker (1971 bis 1989 Sekretär bzw. Generalsekretär des ZK der SED).

Die Landesfürsten

Die Bundesrepublik ist ein föderaler Staat; die politische Macht ist verteilt auf Politikbereiche, die Angelegenheit der Bundesregierung sind, und solche, die ausschließlich auf Landesebene verhandelt und entschieden werden. Damit hat sich der Bundesrat, das Länderparlament, erfolgreich als wichtiges Gegengewicht zum Bundestag etabliert. Dementsprechend groß ist auch die Bedeutung der „Landesfürsten" – in der Geschichte der Bundesrepublik gab es in allen Bundesländern Politiker, die über mehrere Legislaturperioden hinweg erfolgreich und nachhaltig Landesregierungen geführt und die Region stark geprägt haben. Einigen dieser „Landesvätern" gelang es, besonders lang zu amtieren, einige hinterließen auch nach kurzer Amtszeit ein reiches Erbe.

Ernst Reuter, SPD (* 1889, † 1953): Berlin
7. Dezember 1948–29. September 1953

Als Ernst Reuter, ehemaliger Oberbürgermeister Magdeburgs, 1946 aus dem Exil nach Deutschland zurückkehrte, hatte er noch nicht die Absicht, im zerstörten Berlin politisch tätig zu werden. Er würde sich engagieren für den politischen, demokratischen Wiederaufbau, das war klar; wo, das blieb allerdings offen. Auf Bitten der Berliner SPD hin ließ er sich schließlich in der Hauptstadt nieder, übernahm ein Magistratsamt. 1947 wählte das Stadtparlament Reuter zum Oberbürgermeister von (Gesamt-)Berlin, allerdings verweigerten die Sowjets ihre Zustimmung, und die SPD-Politikerin Louise Schroeder amtierte an seiner Stelle. Währenddessen wuchs Reuters Popularität, besonders für seine Rede während der Berlin-Blockade durch die Sowjets („Völker der Welt, schaut auf diese Stadt!") erfuhr er weltweit Bewunderung. Im Dezember 1948 schließlich erzielte Reuter mit der SPD bei den Westberliner Wahlen einen Erdrutschsieg und wurde Regierender Bürgermeister Westberlins. Er amtierte nur wenige Jahre, denn im September 1953 verstarb er plötzlich und unerwartet. Trotz seiner kurzen Amtszeit galt Ernst Reuter schon zu Lebzeiten als Verkörperung eines Geistes, der unbeugsam und standhaft – Reuter hatte KZ-Haft und Folter überlebt – an seiner demokratischen Überzeugung festhielt.

Oskar Lafontaine, SPD, später Die Linke (* 1943): Saarland
9. April 1985–10. November 1998

Eine abenteuerliche Laufbahn von der großen Zukunftshoffnung der SPD bis zu ihrer politischen Nemesis legte der Saarländer Oskar Lafontaine hin. Der ehemalige Oberbürgermeister Saarbrückens holte für die SPD bei den saarländischen Landtagswahlen 1980 erstmals eine relative, 1985 gar die absolute Mehrheit. Damit wurde Lafontaine Ministerpräsident und eine Hoffnungsfigur der zerstrittenen Bundes-SPD. Als sozialdemokratischer Kanzlerkandidat führte er 1990 allerdings einen aussichtslosen Kampf gegen Helmut Kohls CDU, zumal er der deutschen Wiedervereinigung mit Skepsis gegenüberstand. Zu Hause im Saarland brachte Lafontaine die SPD auf sagenhafte 54,4 %, während seine SPD-Kanzlerkandidatur zum schlechtesten Ergebnis der Partei seit 1961 führte (33,5 %). Als die SPD schließlich 1998 die Regierungsmehrheit im Bund erlangte, hatte Gerhard Schröder Lafontaine als Polit-Star der Sozialdemokraten längst überholt. Der erfolgsverwöhnte „Napoleon von der Saar" wechselte 1998, nach 13 Jahren als Ministerpräsident, ins Bundesfinanzministerium. Dort brach seine Rivalität mit Schröder auf, und nach nur 186 Tagen legte Lafontaine im März 1999 sein Amt nieder, 2005 trat er sogar aus der SPD aus. Anschließend engagierte er sich als Galionsfigur der Linken in der neu formierten Linkspartei, deren Bundesvorsitz er drei Jahre innehatte. 2009 war Lafontaine erneut Spitzenkandidat bei den saarländischen Landtagswahlen, diesmal für die Linkspartei. Für sie erzielte er 21,3 % – bis heute das beste Ergebnis, das die Partei je in einem westlichen Bundesland erreichte.

Peter Altmeier, CDU (* 1899, † 1977): Rheinland-Pfalz
9. Juli 1947–18. Mai 1969

Er hält bis heute den Rekord: Altmeier ist der am längsten ununterbrochen amtierende Ministerpräsident Deutschlands. Zwei Jahre vor der Gründung der Bundesrepublik, 1947, wurde der CDU- und ehemalige Zentrumspolitiker ins Amt gewählt, zunächst führte er eine Allparteienkoalition an, ab 1949 eine Große Koalition mit der SPD und ab 1951 in Koalition mit der FDP. An dieser hielt er auch noch fest, nachdem die CDU mehrfach die absolute Mehrheit der Landtagsmandate errungen hatte. 1969 drängte ihn sein Nachfolger Helmut Kohl aus dem Amt.

Bernhard Vogel, CDU (* 1932): Rheinland-Pfalz und Thüringen
2. Dezember 1976–7. Dezember 1988 (Rheinland-Pfalz), 5. Februar 1992–5. Juni 2003 (Thüringen)

Es gab zahlreiche Ministerpräsidenten, denen es gelang, ihr Amt über sehr lange Zeit zu halten, aber nur einen, der dies gleich in zwei verschiedenen Bundesländern schaffte. Nach neun Jahren als Kultusminister übernahm Vogel 1976 das Amt des Ministerpräsidenten von Rheinland-Pfalz, nachdem Helmut Kohl in die Bundespolitik gewechselt war. Vogel regierte mit einer absoluten Mehrheit bis 1987. Er war dank seiner vermittelnden, ausgleichenden Art über Parteigrenzen hinweg beliebt. Als seine Partei bei den Landtagswahlen auf 45,1 % abrutschte, entbrannte ein parteiinterner Streit, in dessen Folge Vogel schließlich 1988 zurücktrat. Drei Jahre später verlor die CDU auch ihre relative Mehrheit an die SPD. In den Folgejahren leitete Vogel die Konrad-Adenauer-Stiftung, bis ihn 1992 der Ruf nach Thüringen erreichte. Dort war Josef Duchač zurückgetreten, und die CDU brauchte dringend einen fähigen Nachfolger. So wurde Vogel erneut zum „Landesvater", als der thüringische Landtag ihn am 5. Februar 1992 zum Ministerpräsidenten wählte. 1999 gelang es ihm, bei den Landtagswahlen, auch in Thüringen für die CDU die absolute Mehrheit zu holen. Am 5. Juni 2003 übergab er aus Altersgründen sein Amt an seinen Parteifreund Dieter Althaus. Und noch eins ist an Vogels Geschichte einmalig: Er war der einzige Ministerpräsident, der mit einem anderen Ministerpräsidenten verschwistert war. 1981, während seiner Zeit als rheinland-pfälzischer Landesherr, amtierte sein Bruder Hans-Jochen Vogel für einige Monate als Regierender Bürgermeister Westberlins.

Franz-Josef Röder, CDU (* 1909, † 1979): Saarland
30. April 1959–25. Juni 1979

Zu den am längsten amtierenden Ministerpräsidenten der Bundesrepublik gehört der CDU-Politiker Röder, der 20 Jahre lang die Geschicke des Saarlandes lenkte. Und wenn er nicht 1979 im Amt verstorben wäre, vielleicht hätte er sogar seinen rheinland-pfälzischen Parteifreund Altmeier überrundet. Der frühere saarländische Kultusminister Röder übernahm 1959 das Amt des Ministerpräsidenten vom ebenfalls im Amt verstorbenen Egon Reinert. Zu diesem Zeitpunkt war das vorher autonome Saarland gerade einmal zwei Jahre „Mitglied" der Bundesrepublik. Röder hatte auch als Regierungschef eine glückliche Hand: So gelang es ihm schon ein Jahr nach Amtsantritt, den Stimmenanteil der CDU bei den Landtagswahlen deutlich zu vergrößern; 1970 und 1975 erreichte die Partei sogar die absolute Mehrheit im kleinsten deutschen Flächenland, die sie nach dem Tod Röders allerdings wieder verlor.

🔍 Ministerpräsidenten, die „ihre" Bundesländer geprägt haben

Lothar Späth	CDU	Baden-Württemberg	30. August 1978–13. Januar 1991
Franz Josef Strauß	CSU	Bayern	7. November 1978–3. Oktober 1988
Manfred Stolpe	SPD	Brandenburg	1. November 1990–25. Juni 2002
Hans Koschnick	SPD	Bremen	28. November 1967–17. September 1985
Henning Voscherau	SPD	Hamburg	8. Juni 1988–8. Oktober 1997
Georg August Zinn	SPD	Hessen	14. Dezember 1950–3. Oktober 1969
Harald Ringstorff	SPD	Mecklenburg-Vorpommern	3. November 1998–5. Oktober 2008
Ernst Albrecht	CDU	Niedersachsen	6. Februar 1976–21. Juni 1990
Johannes Rau	SPD	Nordrhein-Westfalen	20. September 1978–26. Mai 1998
Kurt Biedenkopf	CDU	Sachsen	27. Oktober 1990–18. April 2002
Wolfgang Böhmer	CDU	Sachsen-Anhalt	16. Mai 2002–19. April 2011
Heide Simonis	SPD	Schleswig-Holstein	19. Mai 1993–27. April 2005

Die politische Landschaft

Nach den unruhigen Zeiten der Weimarer Republik und zwölf Jahren Diktatur erstrebten die meisten Deutschen nach 1945 vor allem stabile Verhältnisse. Dies fand seinen Niederschlag auch im Wahlrecht, das eine Fünf-Prozent-Sperrklausel vorsieht. Diese besagt, dass Parteien nur dann Mandate im Bundestag erhalten, wenn sie mindestens 5 % der Zweitstimmen oder drei Direktmandate erreichen. So blieb die Zahl der im Bundestag vertretenen Parteien immer überschaubar, meist waren klare Mehrheitsverhältnisse gegeben. Insgesamt waren nur drei Fraktionen in allen Bundestagen seit 1949 vertreten.

CDU/CSU

Die Christlich Demokratische Union bildet mit der Christlich Sozialen Union eine Fraktionsgemeinschaft. Die CSU kandidiert nur in Bayern, während die CDU in den übrigen Bundesländern antritt. Die Union stellte mit Adenauer, Erhard, Kiesinger, Kohl und Merkel bislang die meisten Bundeskanzler.

SPD

Die Sozialdemokratische Partei Deutschlands, die älteste der deutschen Parteien, war ursprünglich aus der Arbeiterbewegung entstanden. Mit dem Godesberger Programm von 1959 wandelte sie sich zu einer modernen Volkspartei. Nach langen Jahren der Opposition stellte die SPD 1969 mit Willy Brandt zum ersten Mal den Bundeskanzler. Helmut Schmidt (1974–1982) und Gerhard Schröder (1998–2005) waren weitere SPD-Kanzler.

FDP

Die Freie Demokratische Partei wurde 1948 als liberale Partei gegründet. Ihr erster Vorsitzender war der spätere Bundespräsident Theodor Heuss. Bis auf die Zeit der großen Koalitionen (1966–1969 und 2005–2009) und der rot-grünen Koalition (1998–2005) war die FDP an allen Bundesregierungen beteiligt.

Seit 1983 schafften es nur zwei neue Parteien, Parlamentssitze zu erobern.

Bündnis 90/Die Grünen

Eine Partei, die im Zuge der Umwelt- und der Friedensbewegung gegründet wurde. Ihr gelang unter dem Namen „Die Grünen" 1983 erstmals der Einzug in den Bundestag. 1993 fusionierten die westdeutschen Grünen mit der DDR-Bürgerbewegung Bündnis 90. Zwischen 1998 und 2005 waren die Grünen Juniorpartner der SPD in der Bundesregierung.

Die Linke

Die Partei entstand als Partei des Demokratischen Sozialismus (PDS) aus Resten der DDR-Staatspartei. 2005 vereinigte sich die PDS mit der westdeutschen Wahlalternative Arbeit und soziale Gerechtigkeit (WASG) zur Partei Die Linke.

2013 sind die Slogans auf den Wahlplakaten ähnlich knapp formuliert wie im Wahlkampf 1965 (rechte Seite).

In den ersten drei Legislaturperioden gelang noch meh-
reren kleineren Parteien der
Einzug in den Bundestag.

DP

Die rechte, national-konservative Deutsche Partei war von 1949 bis 1961 im
Bundestag vertreten.

BP

Die Bayernpartei ist eine bayerische
Regionalpartei, die nur in der ersten
Legislaturperiode im Bundestag vertre-
ten war. Die BP forderte die staatliche
Eigenständigkeit des Freistaates.

KPD

Die Kommunistische Partei Deutschlands stand in der Tradition der KPD
der Weimarer Republik. Sie scheiterte
1953 an der Fünf-Prozent-Hürde und
wurde 1956 verboten. 1968 trat die
DKP ihre Nachfolge an, schaffte es
jedoch nie ins Parlament.

WAV

Die Wirtschaftliche Aufbau-Verei-
nigung war eine rechtskonservative
Partei, die insbesondere in Bayern
Anhänger hatte. Sie war nur im ersten
Bundestag (1949–1953) vertreten.

ZENTRUM

Die Deutsche Zentrumspartei ist
eine traditionsreiche, einst katholisch
geprägte Partei, die in der Weimarer
Republik eine tragende Rolle spielte.
Von 1949 bis 1957 im Bundestag,
verschwand sie anschließend in der
Bedeutungslosigkeit.

DKP-DRP

Die Deutsche Konservative Partei
– Deutsche Rechtspartei war eine
konservative Partei, ähnlich der
Deutschnationalen Volkspartei der
Weimarer Republik. Ihr gelang nur
einmal – 1949 – der Einzug in den
Bundestag.

SSW

Der Südschleswigsche Wählerverband
ist eine Partei der dänischen Minder-
heit in Schleswig-Holstein und war
mit einem Abgeordneten von 1949 bis
1953 im Bundestag vertreten. Obwohl
klein, spielt sie noch immer eine wichtige Rolle im nördlichsten Bundesland.

GB/BHE

Der Gesamtdeutsche Block/Bund der
Heimatvertriebenen und Entrechteten
sah sich als Interessenvertretung der
Heimatvertrieben. 1953 zog er mit
27 Abgeordneten in den Bundestag
ein, verschwand aber vier Jahre später
bereits wieder.

Partei	im Bundestag vertreten	bestes Wahlergebnis
CDU	1949–2013	39,7 %
CSU	1949–2013	10,6 %
SPD	1949–2013	45,8 %
FDP	1949–2013	14,6 %
DP	1949–1961	4,0 %
BP	1949–1953	4,2 %
KPD	1949–1953	5,7 %
WAV	1949–1953	2,9 %
Zentrum	1949–1957	3,1 %
DKP-DRP	1949–1953	1,8 %
SSW	1949–1953	0,3 %
GB-BHE	1953–1957	5,9 %
Bündnis 90/Die Grünen	1983–2013	10,7 %
Die Linke	1990–2013	11,9 %

Stand: August 2013

Rücktritte

Hoch geflogen, tief gefallen

Nachdem Karl-Theodor zu Guttenberg (CSU) 2009 von Angela Merkel zum Bundeswirtschaftsminister gekürt worden war, avancierte der smarte Oberfranke schnell zum Medienstar. Die Boulevardpresse schloss den fotogenen Politiker sofort in ihr Herz und Guttenbergs Frau Stefanie gleich mit dazu. Noch 2009 wechselte er an die Spitze des Verteidigungsministeriums, ließ sich von Kamerateams bei Truppenbesuchen in Afghanistan begleiten und sorgte mitunter mit Klartext auch politisch für frischen Wind. Dieser Mann schien für noch höhere Ämter bestimmt, dessen waren sich viele sicher. Allerdings braute sich hinter den Kulissen mächtig Ärger zusammen, denn Guttenbergs Art, Probleme zu lösen, brachte ihn zunehmend in die Kritik. 2011 brach schließlich die Plagiatsaffäre über den Politstar herein, die ihn letztlich Amt und Würden kostete. Guttenbergs Dissertation, die der Jurist an der Universität Bayreuth abgelegt hatte, wies auf 369 von 393 Seiten Plagiate auf, so

berechnete es das extra nach dem Minister benannte Portal „GuttenPlag-Wiki". Mutmaßlich im Vertrauen auf seine enorme Popularität versuchte der CSU-Politiker, den Skandal zu bagatellisieren. Zunächst wies er den Vorwurf, abgeschrieben zu haben, gänzlich von sich, als dann die Beweislage erdrückend wurde, bemühte er sich, seine Verantwortung mit Verweis auf familiäre Belastungen zu mindern. Kanzlerin Angela Merkel sprach – wenig gewillt, ihren populärsten Minister zu opfern – dem ganz offensichtlich überführten Plagiator ihr Vertrauen aus, schließlich habe sie ihn nicht als Juristen eingestellt. Doch eine breite Öffentlichkeit war nicht bereit, sich damit abspeisen zu lassen, und so mobilisierte sich vor allem im Internet eine regelrechte Protestbewegung gegen Guttenberg. Am 1. März 2011 schließlich trat der ehemalige Hoffnungsträger vor die Presse und verkündete – wie immer perfekt inszeniert – seinen Rücktritt. Noch im gleichen Jahr entfloh der so Blamierte mitsamt Familie in die USA.

Politikern sagt man ja nach, dass sie an ihren Posten hängen und bis ins hohe Rentenalter in ihren Sesseln bleiben. Viele nahmen sich sicherlich ein Beispiel am ersten Bundeskanzler Konrad Adenauer, der erst im Alter von 87 Jahren mit sanftem Druck zum Rücktritt bewegt werden konnte. Es gibt allerdings auch immer wieder welche, die im besten Politikeralter ihren Posten räumen.

Franz Josef Strauß (1962)

Der damalige Bundesverteidigungsminister trat als Folge der „Spiegel-Affäre" zurück. Es stellte sich heraus, dass er das Parlament belogen hatte, als er behauptete, nichts mit der Aktion gegen das Nachrichtenmagazin zu tun zu haben. Er hatte aber persönlich die Verhaftung des stellvertretenden Chefredakteurs Conrad Ahlers in Spanien veranlasst. Einer späteren Karriere als Finanzminister der Großen Koalition und als langjähriger bayerischer Ministerpräsident stand dieser Rücktritt nicht im Wege.

Willy Brandt (1974)

Bundeskanzler Willy Brandt trat zurück, nachdem sein persönlicher Referent Günter Guillaume als DDR-Spion enttarnt worden war. Obwohl Sicherheitsbehörden Guillaume schon länger verdächtigt hatten und andere Regierungsmitglieder darüber informiert worden waren, wurde der Bundeskanzler in Unkenntnis gelassen. Trotzdem übernahm Brandt die politische Verantwortung und trat zurück. Er blieb aber Parteivorsitzender der SPD.

Hans Filbinger (1978)

Spät holte den Ministerpräsidenten von Baden-Württemberg seine Nazi-Vergangenheit ein. Er war als Marinerichter an mehreren Todesurteilen beteiligt gewesen. Mehr noch als die weit zurückliegenden Taten wurde ihm verübelt, dass er keinerlei Unrechtsbewusstsein zeigte.

Günther Krause (1993)

Günther Krause gehörte schon zu DDR-Zeiten der Blockpartei CDU an. Nach der Wiedervereinigung wurde er 1990 in den Bundestag gewählt und zum Bundesverkehrsminister ernannt. In seiner kurzen Karriere als Minister verquickte er oftmals Dienstliches und Privates, wie in der sogenannten Putzfrauenaffäre: Er hatte eine private Putzhilfe auf Staatskosten finanziert. Letztendlich zum Rücktritt führte ironischerweise der private Umzug, den er dem Staat in Rechnung gestellt hatte, was aber später vom Bundesrechnungshof nicht beanstandet wurde.

Gregor Gysi (2002)

Es wurde bekannt, dass viele Bundestagsabgeordnete die dienstlich gesammelten Meilen des Vielfliegerprogrammes der Lufthansa für private Reisen nutzten. Gregor Gysi (PDS) trat wegen dieser sogenannten Bonus-Meilen-Affäre als Berliner Wirtschaftssenator zurück.

Horst Köhler (2010)

Überraschend trat der Bundespräsident Horst Köhler am 31. Mai 2010 zurück, nachdem seine Äußerungen zum Afghanistan-Krieg in der Öffentlichkeit auf scharfe Kritik gestoßen waren. Er begründete seinen Rücktritt mit fehlendem Respekt vor dem Amt des Präsidenten. Sein Nachfolger Christian Wulff musste ebenfalls vor Ende seiner Amtszeit gehen, da die Staatsanwaltschaft wegen Vorteilsannahme gegen ihn ermittelte.

Politiker treten aus ganz unterschiedlichen Gründen zurück – mal tun sie es, weil ein anderes Amt ruft, mal weil ein Skandal sie dazu zwingt. Manchmal treibt sie auch Resignation dazu, ihre Ämter niederzulegen.

Berufung in ein höheres Amt: Richard von Weizsäcker, Walter Scheel, Christian Wulff, Gerhard Schröder, Wolfgang Clement.

Verwicklung in Skandale: Max Streibl, Otto Graf Lambsdorff, Gerhard Glogowski, Günther Krause, Franz Josef Strauß, Björn Engholm.

Politische Auseinandersetzung innerhalb der eigenen Partei oder Regierungskoalition: Oskar Lafontaine, Günther Beckstein, Karl Schiller, Sabine Leutheusser-Schnarrenberger, Ludwig Erhard.

Verbale Verfehlungen: Philipp Jenninger.

Eigene politische Vergangenheit: Hans Filbinger.

Skandalös!

Ereignisse, die die Republik bewegten

Demonstration gegen die Verhaftung von „Spiegel"-Redakteuren in München, 1962.

In den vergangenen 65 Jahren gab es immer wieder Ereignisse, die die Republik erschütterten. Mal waren es politische Affären, die das Vertrauen in Amtsträger oder gar den Staat beschädigten, mal waren es Skandale mit viel weiter reichenden, tragischen Konsequenzen, wie der Skandal um das Schlafmittel Contergan. Dennoch kann man sagen, dass die Bundesrepublik eine der stabilsten Gesellschaften der Welt ist und ihre Bürger sich über ein hohes Maß an Sicherheit freuen können.

Alt-Bundeskanzler Helmut Schmidt während einer Konferenz zum 50. Jahrestag der „Spiegel"-Affäre.

„Spiegel"-Affäre (1962)

Am 8. Oktober 1962 erschien im Nachrichtenmagazin „Der Spiegel" ein kritischer Artikel über die Bundeswehr unter dem Titel „Bedingt abwehrbereit". Nach einer Anzeige wegen Landesverrats wurde am 26. Oktober das Verlagshaus des Nachrichtenmagazins in Hamburg von der Polizei durchsucht, der Herausgeber Rudolf Augstein in Hamburg und der stellvertretende Chefredakteur Conrad Ahlers in seinem Feriendomizil in Spanien verhaftet. Die Redaktionsräume blieben wochenlang von der Polizei besetzt, so dass das Magazin nur unter erschwerten Bedingungen weiter erscheinen konnte. Dagegen regten sich vielfältige Proteste in der Bevölkerung.

Gefälschte Hitler-Tagebücher (1983)

Im April 1983 präsentierte die Illustrierte „Stern" auf einer Pressekonferenz die Sensation: Findige Reporter hätten die Tagebücher Adolf Hitlers aufgespürt. In der folgenden Ausgabe begann das Blatt mit der Publikation. Doch kurz darauf wurden erste Stimmen laut, die die Tagebücher für eine Fälschung hielten. Nachforschungen ergaben, dass sie vom Maler Konrad Kujau gefälscht und vom „Stern"-Reporter Gerd Heidemann für mehrere Millionen DM angekauft wurden. Kujau und Heidemann wurden zu Gefängnisstrafen verurteilt, die Verantwortlichen im Verlag traten zurück.

Der Journalist Gerd Heidemann präsentiert bei einer Pressekonferenz die vermeintlichen Hitler-Tagebücher.

Contergan-Skandal (1961/62)

Seit 1957 war das Schlaf- und Beruhigungsmittel „Contergan" der „Chemie Grünenthal" in der Bundesrepublik rezeptfrei erhältlich. Beworben wurde es von der Herstellerfirma mit Slogans wie „Schlafmittel des Jahrhunderts, unschädlich wie Zuckerplätzchen". Schon 1959 erreichten die Firma allerdings Berichte von Medizinern über Nebenwirkungen des Produktes, und ab Anfang 1961 wurden schwere Missbildungen von Neugeborenen bekannt. Mit aller Macht stemmte Grünenthal sich gegen den Verdacht, dass „Contergan" diese Missbildungen verursacht haben könnte und nahm das Medikament erst im November 1961 vom Markt.

Barschel-Affäre (1987)

Kurz vor der Landtagswahl in Schleswig-Holstein 1987 berichtete „Der Spiegel", dass der CDU-Ministerpräsident des Landes, Uwe Barschel, seinen Herausforderer von der SPD, Björn Engholm, durch seinen Medienreferenten Reiner Pfeiffer hätte bespitzeln lassen. Barschel dementierte diese Vorwürfe, allerdings wurden zunehmend Zweifel an seiner Unschuld laut. Daraufhin trat Barschel zurück. Am 11. Oktober wurde er tot in der Badewanne des Genfer Hotels Beau-Rivage aufgefunden. Die offizielle Todesursache lautete Selbstmord, aber immer wieder wurden Vermutungen laut, es sei Mord gewesen.

Ministerpräsident Uwe Barschel (CDU).

Flick- und Parteispendenaffäre (1981 und 1999)

Dem Bürger predigen die Parteien gerne Sparsamkeit und Steuerehrlichkeit, doch selbst halten sie sich nicht so gerne an diese Prinzipien. Mehrere Affären um Parteispenden erschütterten die Republik. So entdeckte ein Steuerfahnder beim Chefbuchhalter des Flick-Konzerns umfangreiche Hinweise auf illegale Parteienfinanzierung, die allen Bundestagsparteien zugutekamen. 1999 kam ein weiterer Fall von illegaler Parteienfinanzierung ans Licht, der diesmal aber nur die CDU betraf. Diese hatte über einen langen Zeitraum schwarze Kassen geführt.

Demonstranten vor dem Bonner Landgericht.

BRD verhoben

Große Bauprojekte haben Menschen von jeher fasziniert. Einst demonstrierten sie mit Kirchen, Brücken oder Palästen geistliche Macht oder stellten weltlichen Glanz zur Schau. Heute dagegen sind Wahrzeichen wie die Elbphilharmonie, Hamburgs weithin sichtbares neues Konzerthaus in der Hafencity, die Ausnahme. Staatliches Bauen ist mehr von Pragmatik als von Prunk geleitet. Zudem ist Deutschland ein Transitland. Deswegen sind vornehmlich große Flughafen-, Bahnhofs- oder Eisenbahnprojekte in Planung, um den wachsenden Anforderungen des zunehmenden Güterverkehrs in Europa gerecht zu werden.

Jedoch sorgen gerade Infrastrukturvorhaben wie der 2010 begonnene, unterirdische Bahnhof „Stuttgart 21", der noch nicht fertiggestellte Flughafen Berlin-Brandenburg (BER) oder die lange geplante, aber in Deutschland nicht realisierte Hochgeschwindigkeits-Magnetschwebebahn „Transrapid" angesichts exorbitanter Kostensteigerungen immer wieder für negative Schlagzeilen. Auch ursprünglich anvisierte Eröffnungstermine verzögern sich nicht nur um Monate, sondern gleich um mehrere Jahre.

Zeit ist Geld

Während in der Privatwirtschaft scharf kalkuliert und Budgets sowie Termine meist eingehalten werden, sind bei steuerfinanzierten Großvorhaben des Staates Überschreitungen geschätzter Baukosten um das Dreifache keine Seltenheit. So sollte der Stuttgarter Hauptbahnhof zu Beginn der Planungen laut Deutscher Bahn 1995 umgerechnet rund 2,5 Milliarden Euro kosten. Allein in den Jahren zwischen 2009 (3,1 Mrd.) und 2013 gab es eine Kostenverdopplung auf geschätzte 6,5 Milliarden Euro. Dabei wird der Bau nicht wie ursprünglich geplant 2019, sondern voraussichtlich erst 2022 fertig werden. Ganz ähnlich ist das Missverhältnis beim Flughafen Berlin-Brandenburg „Willy Brandt", dessen zeitgerechte Inbetriebnahme vor allem an mangelnder Planung, Organisation und technischen Problemen scheiterte. Der erste Spatenstich erfolgte 2006. Seither stiegen die Kosten von ursprünglich 1,7 auf bisher 4,3 Milliarden Euro.

Zehnmal mehr

Dagegen hat sich die Hansestadt Hamburg bei der Elbphilharmonie noch sehr viel stärker verhoben. Der 2007 begonnene Prestigebau sollte ursprünglich 77 Millionen Euro kosten und 2010 fertiggestellt sein. Schlüsselfertig wird das Konzerthaus der Superlative knapp 790 Millionen Euro kosten und soll 2016 eingeweiht werden. Die Kosten hätten sich dann binnen einer Dekade verzehnfacht.

Das Problem

Vielen staatlich finanzierten Infrastrukturvorhaben geht eine parlamentarische Entscheidung im Bundestag oder Länderparlament voraus. Damit Parlamentarier den oft milliardenschweren Projekten überhaupt guten Gewissens zustimmen können, sehen Ausschreibungen nur eine vergleichsweise günstige Standardausstattung vor. Dass nach der politischen Entscheidung jedes Extra bei den Baukonsortien teuer eingekauft werden muss, führt unweigerlich zu erheblichen Kostensteigerungen.

Oben: Der Flughafen Berlin-Brandenburg „Willy Brandt" (BER) in Schönefeld.

Die Herausforderung

Nicht immer liegt die Schuld für steigende Baukosten oder zeitliche Verzögerungen ausschließlich beim Staat. Bürgerinitiativen vor Ort wehren sich oftmals vehement gegen die Beeinträchtigung ihrer Lebensqualität durch zunehmenden Lärm oder Abgase aus Flug-, Eisenbahn- oder Straßenverkehr. Weil besonders die Auseinandersetzungen um „Stuttgart 21" Politik und Bauwirtschaft nicht unbeeindruckt gelassen haben, werden Bürgerinnen und Bürger an den komplexen Planungsprozessen zukünftig früher und stärker beteiligt. Auch der Umweltschutz hat in Infrastrukturverfahren einen hohen Stellenwert, und wegen Fehlern in der Planung ist manche Klage von Naturschutzverbänden vor deutschen Gerichten erfolgreich. All das kostet Zeit … und mehr Geld.

Die Baustelle des umstrittenen Bauprojekts „Stuttgart 21".

Die Elbphilharmonie am Hamburger Hafen.

Das Ende des Wohlstands?

Für die „Kriegsgeneration" war der Wohlstand der Bundesrepublik keineswegs selbstverständlich, dennoch kamen die Generationen der in den 40er-Jahren Geborenen in die Lage, praktisch lebenslanges Wohlstandswachstum zu genießen. Es ging immer bergauf, und als es irgendwann nicht mehr bergauf ging, bot die soziale Marktwirtschaft ja genügend Mechanismen und Einrichtungen, um den Lebensstandard auch dann noch zu halten, als seine Grundlage nicht mehr ganz so solide war. Nach einer Phase der Vollbeschäftigung in den 60er-Jahren begann die Zahl der Arbeitslosen schier unaufhaltsam anzusteigen. 1975 zählte die Bundesrepublik erstmals eine Million Arbeitslose, 1983 hatte sich deren Zahl bereits mehr als verdoppelt. Das Wort von der Massenarbeitslosigkeit machte die Runde. Die Wiedervereinigung und der folgende Kollaps der ostdeutschen Wirtschaft vergrößerten das Heer der Nichtbeschäftigten noch einmal auf über 4 Millionen (1997), ein Ende der Entwicklung war nicht in Sicht. Bald war die Rede von Weimarer Zuständen und von verelendenden strukturschwachen Regionen. Allmählich dämmerte den Deutschen, dass der Wohlstand und die Sicherheit, mit denen die „Generation Golf" (also die um 1970 Geborenen) aufgewachsen war, nicht ewig Bestand haben.

Die Einsicht, dass das Sozialsystem, wenn es Bestand haben sollte, reformiert werden müsse, machte sich zunehmend in der politischen Mitte breit.

So machte sich ausgerechnet die SPD-geführte Regierung von Bundeskanzler Schröder daran, Deutschland mit der sogenannten „Agenda 2010" eine umfassende Neuordnung des Sozialsystems und des Arbeitsmarktes zu verordnen.

Sparen und Fördern
Die Agenda 2010

Entlang wirtschaftsfreundlicher Leitlinien wurden in den Bereichen Wirtschaftspolitik, Bildungspolitik, Familienpolitik, Arbeitsmarktpolitik sowie bei der Kranken- und Rentenversicherung Regulierungen abgebaut und das Leistungsniveau gesenkt. Gleichwohl sollten unter dem Stichwort „Fordern und Fördern" gezielt Fördermaßnahmen zugunsten Bedürftiger angestoßen werden. Dass die Agenda 2010 wirtschaftsfreundlich ausgerichtet war, lässt sich allein daran ablesen, wie stark

sie auf dem „Wirtschaftspolitischen Forderungskatalog für die ersten hundert Tage der Regierung" der Bertelsmann-Stiftung basierte. Zentrale Veränderungen zum damaligen Status quo waren die Kürzung des Arbeitslosengeldes, die Abschaffung der Arbeitslosenhilfe und das neu geschaffene Arbeitslosengeld 2, das lange Zeit unter dem Namen „Hartz IV" Gegenstand politischer und medialer Diskussionen war.

Entwicklung der Arbeitslosigkeit

Unabhängig von konjunkturellen Wellenbewegungen ist in Deutschland die Zahl der Erwerbslosen seit Anfang der 80er-Jahre stetig gestiegen. Ein erster negativer Höchstwert wurde dabei 2005 mit einer Arbeitslosenquote von 13 % erreicht. Vor allem der rapide Anstieg der Arbeitslosenquote in den 90er-Jahren infolge der Wiedervereinigung war eine der Triebfedern für die Agenda 2010.

Kritische Stimmen

Schröders Reformkurs stieß nicht nur bei vielen SPDlern auf wenig Gegenliebe – in den folgenden Bundestagswahlen verlor die SPD dramatisch an Stimmen, während die Linkspartei sich gewissermaßen als Anti-Agenda-Partei gestärkt positionieren konnte.

Die Hartz-IV-Reformen lösen eine bundesweite Protestbewegung aus.

Agenda 2010

Berlin, 14. März 2010

Bundeskanzler Gerhard Schröder.

Ein Aktivist des globalisierungskritischen Netzwerks Attac über der SPD-Zentrale in Berlin: Laut Attac sind von dem Reformpaket besonders die sozial Schwachen betroffen.

Die neue Green Economy

Das Gütesiegel „Made in Germany", nach dem Zweiten Weltkrieg nahezu ein globales Synonym für das deutsche Wirtschaftswunder, gilt heute auch für den zukunftsträchtigen Bereich der Umwelttechnik. Vom Anlagenbau für erneuerbare Energien über Recycling bis hin zu stromsparenden Geräten – in vielen Bereichen der Green Economy ist Deutschland Weltspitze.

Laut Umweltwirtschaftsbericht der Bundesregierung hatte Deutschland 2011 beim Export von Umweltschutzgütern mit 15,4 % einen herausragenden Weltmarktanteil. Bei den Technologien für die nachhaltige Energieerzeugung sowie in der Abfall- und Kreislaufwirtschaft lag der Anteil sogar bei mehr als 25 %.

Rund zwei Millionen Menschen arbeiten bei uns in der Umweltwirtschaft, bis 2025 sollen noch einmal rund eine Million hinzukommen. Der Umweltsektor hat eine besonders hohe Forschungs- und Innovationsquote. Das schlägt sich auch in den Patenten nieder: 2010 stammten rund 23 % aller jährlichen Patentanmeldungen für Umwelttechnik beim Europäischen Patentamt aus der Bundesrepublik. Kleine und mittlere Unternehmen (KMU) treiben mit einem Anteil von etwa 90 % die GreenTech-Branche maßgeblich voran.

Im letzten Umwelttechnologie-Atlas „GreenTech made in Germany 3.0", den Roland Berger Strategy Consultants für das Bundesumweltministerium erstellten, wird eine Verdoppelung des Weltmarktes für Umwelttechnik und Ressourceneffizienz bis zum Jahr 2025 prognostiziert. Der Anteil der Umwelttechnologien am deutschen Bruttoinlandsprodukt soll im selben Zeitraum von aktuell 11 % auf über 20 % ansteigen. Bis zum Jahr 2030, so schätzt das Baseler Prognos-Institut, wird die deutsche Umweltwirtschaft sowohl die Autoindustrie als auch den Maschinenbau im Umsatz überholt haben.

Umkämpfter Weltmarkt

Jochen Flasbarth, Präsident des Umweltbundesamtes, hat die deutsche Wirtschaft aufgefordert, den Weg in die Green Economy entschlossen fortzusetzen. Aus gutem Grund, denn längst haben auch Länder wie China oder Südkorea die ökonomischen Potentiale der Umwelttechnologie erkannt. Wie groß der internationale Wettbewerbsdruck ist, zeigt sich beim Thema Solarmodule: Viele

Perfekter Energiemix: ein Landwirtschaftsbetrieb mit Stallungen und Anlagen für Biogas, Solarstrom und Windenergie.

deutsche Unternehmen, einstmals Vorreiter in dieser Sparte, mussten schließen oder kämpfen gegen den Untergang, während große chinesische Firmen wie Suntech oder Yingli ihre Module viel günstiger produzieren und auf dem Weltmarkt anbieten können.

Etwas positiver sieht es bei der Windenergie aus. Hier sind deutsche Firmen wie Enercon oder Siemens weltweit immer noch unter den Top Ten. Sie profitieren dabei von den großen Forschungsinvestitionen der vergangenen Jahre, mit denen immer effizientere Turbinen entwickelt wurden. Auch die Präzision deutscher Anlagen ist bei komplizierten Bauvorhaben – etwa im Offshore-Bereich auf hoher See – ein Wettbewerbsvorteil. Allerdings holen auch bei der Windenergie chinesische Unternehmen wie Goldwind oder Sinovel mächtig auf.

Tripod-Fundamente für den Offshore-Windenergiepark „Global Tech 1" ungefähr 180 km vor Bremerhaven.

Der Vorsitzende des Kuratoriums der Deutschen Bundesstiftung Umwelt, Hubert Weinzierl, Bundespräsident Joachim Gauck und die Preisträger des Deutschen Umweltpreises Günther Cramer, Andreas Bett und Hansjörg Lerchenmüller stehen am 28. Oktober 2012 gemeinsam auf der Bühne des Gewandhauses Leipzig.

Marktplatz der Innovation:

Der Deutsche Umweltpreis

Innovation braucht Förderung. Deshalb vergibt die Deutsche Bundesstiftung Umwelt (DBU) alljährlich den Deutschen Umweltpreis, die mit 500.000 € höchstdotierte Umweltauszeichnung Europas. Ziel ist es, Personen zu ehren und zu unterstützen, die einen wichtigen Beitrag zur nachhaltigen Gesellschaft geliefert haben. Viele der Ausgezeichneten haben allein oder mit ihren Firmen zukunftsweisende Lösungen entwickelt und durchgesetzt, häufig gegen erheblichen Widerstand. So sollen nicht nur Projekte gefördert werden, die sich auf dem Markt bewährt haben, sondern die Stiftung möchte ausdrücklich auch zum innovativen Denken motivieren und Pioniergeist belohnen.

Vielen der bisherigen Preisträger gelang es, sich mit ihrem Projekt auch ökonomisch erfolgreich zu etablieren.

Als Zielkriterien nennt die Stiftung:

▶ Vorbildfunktion. Die Auszeichnung soll andere Unternehmer motivieren, ebenfalls innovative und nachhaltige Lösungen zu entwickeln.

▶ Anregung zur Nachahmung. Die ausgezeichneten Projekte sollen Modellcharakter haben.

▶ Beitrag zur Lösung ökologischer Probleme. Die prämierten Leistungen sollen bei der Lösung von Umweltproblemen helfen.

▶ Förderung ganzheitlicher Lösungsansätze.

Der Deutsche Umweltpreis wird vom Bundespräsidenten übergeben.

Solarpanel-Produktion für die Solarworld AG in Freiburg im Jahr 2008. Das Unternehmen leidet heute zunehmend unter der Konkurrenz aus Asien.

Der erste deutsche Offshore-Windpark „Alpha Ventus" in der Nordsee.

Musikszene heute

Die Wende begleitete ein Pfeifen. Auch wenn „Wind of Change" erst 1991 erschien, so ist die Rockballade der Scorpions doch untrennbar mit dem Ende der deutschen Teilung verbunden. Für die harten Jungs aus Hannover wurde das sanfte Stückchen Musik zu einem Mega-Erfolg: Platz 1 in elf Ländern, geschätzte 14 Millionen verkaufte Singles. Der herbeigepfiffene „Wind der Veränderung" fegte nun auch durch Deutschlands Rock- und Pop-Welt. Der Absatzmarkt für deutsche Musik hatte sich deutlich vergrößert, und das kreative Potential vieler, von den Autoritäten in der DDR ungeliebter Künstler wollte ans Licht. Das zunächst aus den Stroboskopblitzen der Berliner Clubs bestand: Was da aus dem Untergrund rund um den Potsdamer Platz wummerte, machte die Fans elektronischer Tanzmusik weltweit sprachlos, Paul van Dyk und Paul Kalkbrenner zu DJ-Stars – und Berlin zur Techno-Metropole.

Peter Fox (Mitte) mit Seeed in Berlin (2013).

Punkrock: Nina Hagen in den 80er-Jahren.

Die Fantastischen Vier auf der Bühne (2013).

Nicht, dass es nicht auch vor der Wende erfolgreiche deutsch(sprachig)e Musik gegeben hätte. Nachdem die Neue Deutsche Welle im Sand der Musikgeschichte verlaufen war, waren auch ihre Stars wie Nena, Trio oder Joachim Witt erst einmal nicht mehr gefragt. Jetzt durften die Deutschrocker ran – Herbert Grönemeyer knödelte, Rio Reiser barmte, Udo Lindenberg schnodderte, Marius Müller-Westernhagen schwitzte, Peter Maffay schrammte am Schlager entlang. In ihrem Fahrwasser surften Nina Hagen, Ulla Meinecke, Ina Deter, Heinz Rudolf Kunze, Wolf Maahn, gefolgt von Dialektrockern wie BAP aus Köln, Wolle Kriwanek und Schwoißfuaß aus dem Ländle oder den Rodgau Monotones aus dem hessischen Rodgau. Und im Osten? Dort versuchten Bands wie Silly, City, Puhdys, Karat, Karussell dem Schicksal der Klaus Renft Combo zu entgehen: verboten zu werden.

Weltweiten Erfolg allerdings erreichte man – mit Ausnahme der Elektropioniere Kraftwerk – bis dato nur mit englischen Texten, siehe Scorpions, Alphaville, Propaganda oder Modern Talking. Das änderte sich nach der Wende rasant: Tokio Hotel und Rammstein, zwei Ost-Bands, verkauften weltweit Millionen deutschsprachiger Platten. Dabei wurden Rammstein wegen ihrer martialischen Bühnenshows und des Kokettierens mit nationalistischer Ästhetik stets ins rechtsextreme Lager gerückt, konnten sich jedoch erfolgreich distanzieren. Insgesamt aber entspannte sich das Verhältnis zu deutschen Texten; Bands wie Tocotronic, Blumfeld, Die Sterne, Lassie Singers, Die Braut haut ins Auge, Selig, Die Ärzte oder Die Toten Hosen machten deutschen Indie-Rock und Punk erfolgreich. Und legten, zusammen mit Hip-Hoppern wie Die Fantastischen Vier, Freundeskreis, Fettes Brot oder Absolute Beginner, den Grundstein dafür, dass heute die deutschen Charts von Acts wie Xavier Naidoo, den Söhnen Mannheims, Juli, Silbermond, Jan Delay, Peter Fox, Wir sind Helden, 2Raumwohnung oder Ich + Ich dominiert werden.

Und dann gewann Lena Meyer-Landrut 2010 mit dem (englischsprachigen) Lied „Satellite" auch noch den Eurovision Song Contest, in früheren Jahren ein ausgewiesenes Schlagervehikel. Ein schönes Beispiel dafür, wie sehr die Grenze zwischen den verfeindeten Geschwistern Schlager und Deutsch-Pop verwischte, war Ende 2012 im Fernsehen zu bewundern: Der Graf, ursprünglich aus der Gothic-Szene stammend und Kopf der Band Unheilig, sang sein „So wie Du warst" im Duett mit Schlagerstar Helene Fischer. Ein Moment, der bewies: Nie war die deutsche Musikszene gleichzeitig austauschbarer und differenzierter. Und nie war sie erfolgreicher.

Die 20 meistverkauften Alben deutscher Künstler

Jahr	Album	Interpret	Verkäufe in Mio.
2002	Mensch	Herbert Grönemeyer	3.15
1984	4630 Bochum	Herbert Grönemeyer	2.75
2001	Best of Andrea Berg	Andrea Berg	2.25
1995	Abenteuerland	Pur	?
1996	Alles	Wolfgang Petry	2
1988	Ö	Herbert Grönemeyer	1.75
1994	Affentheater	Marius Müller-Westernhagen	1.75
1987	Winterkinder	Rolf Zuckowski	1.5
1990	Live	Marius Müller-Westernhagen	1.5
1990	Reim	Matthias Reim	1.5
1993	Seiltänzertraum	Pur	1.5
2010	Große Freiheit	Unheilig	1.4
1979	Weihnachten mit ...	Andrea Jürgens	1.25
1998	Back for Good	Modern Talking	1.25
1998	Radio Maria	Marius Müller-Westernhagen	1.25
2007	Vom selben Stern	Ich + Ich	1.2
2008	Stadtaffe	Peter Fox	1.2
2006	Das große Leben	Rosenstolz	1.1
2000	So weit... – Best of Marius	Müller-Westernhagen	1.05
2001	Elle'ments	No Angels	1.05

Weitere Alben deutscher Künstler, die mindestens 1 Million mal verkauft wurden:

Mit Pfefferminz ... (Marius Müller-Westernhagen), Nightflight to Venus (Boney M), Revanche (Peter Maffay), Für usszeschnigge! (BAP), Vun drinne noh drusse (BAP), Sprünge (Herbert Grönemeyer), Halleluja (Marius Müller-Westernhagen), Herzilein (Wildecker Herzbuben), MCMXC a.D. (Enigma), Crazy World (Scorpions), Ja Ja (Marius Müller-Westernhagen), Dezemberträume (Rolf Zuckowski), Reich & sexy (Die Toten Hosen), Im Kindergarten (Rolf Zuckowski), Opium fürs Volk (Die Toten Hosen), Nicht von dieser Welt (Xavier Naidoo), MTV Unplugged – Live aus dem Hotel Atlantic (Udo Lindenberg)

Stand: 2013, Verkaufszahlen für die vom BVMI erfassten Alben mit min. 1 Mio. Verkäufen seit 1975.

Herbert Grönemeyer und Udo Lindenberg.

Lena Meyer-Landrut beim Grand Prix 2010.

Die Bundesrepublik tanzt

„Nur wenige deutsche Opernhäuser können es sich leisten, von ihrem Etat Mittel für ein repräsentables Ballett abzuzweigen." So brachte 1958 ein „Spiegel"-Artikel zum Besuch des Bolschoi-Balletts den Status quo des Tanzes in der BRD auf den Punkt. Während klassisches Ballett, gezeigt von ausländischen Gastkompanien, eine Flucht aus den Trümmern bot, war Ausdruckstanz – einst von Tänzern und Tanzpädagogen wie Clotilde von Derp, Mary Wigman, Rudolf von Laban, Kurt Jooss, Gret Palucca oder Dore Hoyer international als „German Dance" etabliert – nun unpopulär. Dennoch eröffnete Gret Palucca am 1. Juli 1945 in Dresden, in den 20ern Zentrum für modernen Tanz, erneut ihre Schule, die heutige Palucca-Hochschule für Tanz.

Und obschon klassisches Ballett gefördert wurde, dauerte es über eine Dekade, bis die erste klassische Kompanie Deutschlands international Renommee erlangte: das Stuttgarter Ballett. John Cranko vollbrachte das „Stuttgarter Ballettwunder". Der Südafrikaner versammelte 1961 mit seinem Antritt als Ballettdirektor illustre Tänzer um sich: Egon Madsen, Richard Cragun, Birgit Keil, Ray Barra, Jiří Kylián und die spätere Ballettchefin Marcia Haydée. Bereits die erste Premiere am 2. Dezember 1962, „Romeo und Julia", besiegelte die Erfolgsgeschichte. 1971 wurde mit der John Cranko Schule die erste Ballettschmiede in Westdeutschland eröffnet, von der Choreografen wie Uwe Scholz oder Christian Spuck, nun Direktor des Balletts Zürich, kamen. Auch John Neumeier tanzte in Stuttgart, 1978 gründete er als Chef des

Die Tanzpädagogin Prof. Gret Palucca mit Schülerinnen im Sommerkurs der Palucca-Schule im Juli 1979.

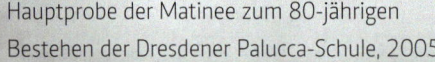

Hauptprobe der Matinee zum 80-jährigen Bestehen der Dresdener Palucca-Schule, 2005.

Pina Bausch, Choreografin und Ballett-Chefin des Tanztheaters Wuppertal, gilt als bedeutendste Persönlichkeit des zeitgenössischen Tanzes.

Hamburg Balletts die zweite Ballettschule der BRD. Heute gibt es in Deutschland viele renommierte klassische Kompanien, etwa das Bayerische Staatsballett oder das Staatsballett Berlin.

Den klassischen Tanz dekonstruiert und mit Konventionen gebrochen, das hat der Ex-Stuttgarter Tänzer William Forsythe – einst Intendant des Balletts Frankfurt und seit 2005 Chef der Gattungen überschreitenden Forsythe Company. Was Ballett heute sein kann, das hinterfragen auch Choreografen der nächsten Generation, etwa Marco Goecke, Martin Schläpfer oder Demis Volpi.

Das Tanztheater indes entwickelte seit Ende der 60er-Jahre im Zuge der gesellschaftlichen Umwälzungen und Studentenunruhen neue kulturkritische Formen und Inhalte. Verhandelt wurde die Wirkung von Politik und Macht auf den Körper, Pionierarbeit leisteten etwa Johann Kresnik, Gerhard Bohner, Susanne Linke oder Reinhild Hoffmann. Die Tanztheaterszene der BRD ist heute vielfältig, mit international arbeitenden Tanzschaffenden wie Toula Limnaios oder Helena Waldmann.

Die wichtigste Protagonistin des deutschen Tanztheaters indes war Pina Bausch. Bei Kurt Jooss, Folkwangschule Essen, sowie den Modern-Dance-Ikonen Paul Taylor und Antony Tudor, USA, ausgebildet, tanzte sie zunächst im Folkwang-Ballett. Mit 33 übernahm sie 1973 das Tanztheater Wuppertal. Eine Revolution! Bausch, die Selbstfindung des Einzelnen im Sinn, brachte Alltag, tägliche Begrenzungen, Macht- und Geschlechterverhältnisse auf die Bühne. Ihr Credo: „Mich interessiert nicht, wie sich Menschen bewegen, sondern was sie bewegt." Privates war öffentlich, das Bildungsbürgertum empört: In den Inszenierungen zankten sich Paare. Indes pilgerten viele aus dem Ausland nach Wuppertal. Als sie 2009 mit 68 Jahren starb, sprach Sasha Waltz vielen aus der Seele, als sie sagte, Bausch sei eine der einflussreichsten Künstlerinnen gewesen.

Waltz, Mitbegründerin der freien Spielstätte Sophiensaele Berlin und ehedem künstlerische Leiterin der Schaubühne, gilt selbst als Tanzerneuerin und bedeutende Choreografin. Mit Jochen Sandig gründete sie 1993 in Berlin die Kompanie Sasha Waltz & Guests. In ihren Choreografien und Operninszenierungen erforscht sie alltägliche Situationen, Sozialverhalten, Riten, Gruppendynamiken, geschlechtsspezifische Erwartungen oder Stereotypen auf ungewöhnliche Weise, wenn es sein muss auch mal mit einem 7.000-Liter-Wasserbecken.

Die Tänzerin Marcia Haydée (eigentlich Marcia Haydée Salaverry Pereira da Silva) probt 1967 mit ihrem Kollegen Richard Cragun unter den kritischen Augen von Ballettdirektor John Cranko.

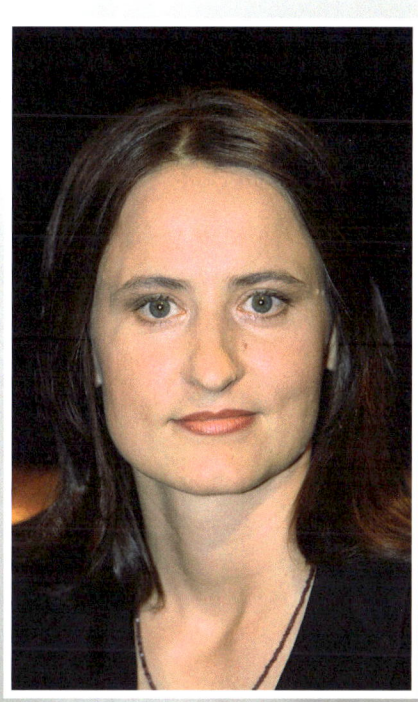

Die Tänzerin und Choreographin Sasha Waltz.

Von der Umerziehung zum „Alles geht"

Nach Aphoristiker Manfred Hinrich sind es „Bretter, die die innere Welt verändern". Mit dem Theater als demokratische Kultur wollten auch die Alliierten die Deutschen nach der Nazi-Zeit umerziehen; „Re-Education" auf moralischer, humanistischer Basis mit Klassikern wie Goethe, Schiller, Lessing, Hauptmann, Büchner, Brecht/Weill oder einst Verpöntes wie George Bernard Shaw, Jean Giraudoux, Thornton Wilder, Jean-Paul Sartre. Das Publikum strömte, Tickets wurden mit Lebensmitteln oder Nägeln bezahlt – statt Geschichtsaufarbeitung lockt Ablenkung.

Im Nachkriegstheater des Kalten Kriegs werden auch ideologische Kämpfe zwischen Ost und West gefochten. Im Westen knüpft Regisseur und Schauspieler Gustaf Gründgens mit klassischen, hohe Sprechkultur pflegenden Inszenierungen an seine Erfolge während der Nazi-Zeit an, im Osten Berlins versucht der aus dem Exil heimgekehrte Autor und Regisseur Bertolt Brecht sein „episches", „dialektisches Theater" erneut zu etablieren. Er will zeigen: die gesellschaftlichen Verhältnisse sind veränderbar. Die verlogene Idylle im Nachkriegstheater aufzudecken versucht Regisseur und Schauspieler Fritz Kort-

🔍 Christoph Schlingensief

„Die Kontrollmechanismen verlieren und das zugleich als eine Inszenierung begreifen, sich in einem fließenden Zustand befinden, das ist der Kern meines Theaters. Ich will das Leben überzeugen, dass es zum großen Teil inszeniert ist, und das Theater, dass es ohne das Leben überhaupt nicht auskommt."

Bei Schlingensiefs Inszenierungen zu aktuellen gesellschaftlichen Themen vermischten sich Schauspieler und Zuschauer – Bühne und Zuschauerraum waren fließend. Behinderungen, Pannen, Pausen oder Störungen warfen die Frage nach den Spielregeln für Schauspieler und Zuschauer auf.

Legendär: der Schauspieler, Regisseur und Theaterintendant Gustaf Gründgens als Mephisto in Goethes „Faust II" (links).

 Publikumsbeschimpfung Peter Handke:
Das Publikum wird mit allerlei Unerfreulichem betitelt, das vor allem mit der deutschen Geschichte von 1933 bis 1945 zu tun hat, also „ihr Kriegstreiber", „ihr Untermenschen". Hernach wünschen die Darsteller dem Publikum eine gute Nacht und klatschen Beifall.

ner. Aus dem Exil Hollywoods zurück, inszeniert der unbequeme Dickkopf schonungslos, legendär und skandalträchtig.

Das Dokumentartheater schockt die heile BRD-Welt mit Autoren wie Rolf Hochhuth oder Peter Weiss. Er inszeniert etwa Aussagen von Angeklagten im Auschwitzprozess. Peter Handke wird zum „enfant terrible", als er die Zuschauer mit seiner „Publikumsbeschimpfung" (1966) vergrault. Der Gipfel: Kunstformen wie Happening und Performance wie bei Living Theatre oder Wolf Vostell. Franz Xaver Kroetz und Rainer Werner Fassbinder loten in Text und Film die Kleinkariertheit der Provinz aus.

Unkonventionell setzt Peter Zadek Shakespeare um – eine „Absage an das Kulturtheater". Ende der 60er-Jahre macht er mit dem noch jungen Peter Stein Bremens Theater zu einem der wichtigsten der Republik, bevor er Bochum und Hamburg aufmischt. Skandal 1987: Im Musical „Andi" lässt er die Band „Einstürzende Neubauten" alles übertönen – die Zuschauer bekommen Ohrenschützer.

Die 70er sind die Ära des „Regietheaters", Autoren sind weniger wichtig als Regisseure wie Luc Bondy, Jürgen Flimm, Dieter Dorn, Niels-Peter Rudolph oder Claus Peymann, nun Berliner Ensemble-Intendant. Er führt Handkes Publikumsbeschimpfung in Frankfurt auf und schockt Stuttgart, weil er für die Zähne von RAF-Terroristin Gudrun Ensslin Spenden sammelt. Alles geht – auch die Zuschauer: In den 80ern beginnt das Theatersterben.

Als die Mauer fällt, inszeniert Heiner Müller, DDR-Altmeister mit Zensurerfahrung, erstmals selbst seine Hamletmaschine. „Stückezertrümmerer" wie Frank Castorf treten auf den Plan, Protagonist des postdramatischen Theaters. Er verfremdet mit Slapstick, Derbheiten, Videoaufnahmen, will kein „Als-ob-Theater", sondern einen Zustand „einmaliger Realität". Ein fast unmenschliches Tempo leisten auch die Schauspieler bei René Pollesch, bis die Souffleuse hilft – hinter dem „unvollkommenen" Schauspieler taucht der Mensch auf. Interpretieren müssen die Zuschauer.

Der Schauspieler und Regisseur Fritz Kortner 1950 als König Philipp in Schillers „Don Carlos" am Hebbel-Theater in Berlin.

Berüchtigter Vertreter des postdramatischen Theaters ist der 2009 verstorbene Christoph Schlingensief. Einst erster Aufnahmeleiter der „Lindenstraße", sorgt er mit Filmen wie „100 Jahre Adolf Hitler", „Das deutsche Kettensägermassaker", Theaterstücken wie „100 Jahre CDU – Spiel ohne Grenzen" sowie Kunstaktionen wie „Mein Filz, mein Fett, mein Hase" auf der documenta X – er trägt ein Schild mit „Tötet Helmut Kohl"– für Eklats. Für die einen „der letzte deutsche Moralist", für die anderen Provokateur, um zu provozieren, erntet er einhelliges Lob für seine Parsifal-Inszenierung 2007 in Bayreuth. Schlingensief seziert sich selbst schonungslos. Als er an Lungenkrebs erkrankt, setzt er sein Leiden um in „Eine Kirche der Angst vor dem Fremden in mir" oder „Sterben lernen".

Anouschka Renzi als Anitra und Uwe Bohm in der Titelrolle in „Peer Gynt" am Berliner Ensemble (2004).

Claus Peymann
Peymann war und ist stets ein streitbarer Regisseur und Theaterintendant. Als Zuschauer 2012 bei einer Premiere mit Sprechgesängen auf die Arbeitsbedingungen am Berliner Ensemble aufmerksam machten, war er sichtlich verärgert und drohte mit rechtlichen Konsequenzen.

Dank

An dieser Stelle sei allen gedankt, die zum Entstehen des Buches beigetragen haben, im Besonderen den Beiträgern Lothar Berndorff, Jens Bey, Simone Ehrentreich, Tobias Friedrich, Petra Mostbacher-Dix, Bernd Pieper, Renée Püthe-Siegert, Peter Rieprich, Eva Maria Schlosser, Elmar Schulte. Sowie Christian Schaarschmidt und Judith Jughenn, die klaglos bemüht waren, alle Wünsche nach Abbildungen zu erfüllen und das Ganze gestalterisch in die richtige Form zu bringen, Karin Roth für ihre Unterstützung und nicht zuletzt Andrea Wurth für ihr Vertrauen.

Impressum

Redaktion und Produktion: Feierabend Unique Books, www.peterfeierabend.de

Text: Karsten Zang

Mit Beiträgen von Lothar Berndorff (S. 28, 50, 56, 70, 72, 110), Jens Bey (S. 46, 48, 58, 138), Simone Ehrentreich (S. 74, 84), Tobias Friedrich (S. 30, 42, 134), Petra Mostbacher-Dix (S. 140, 142), Bernd Pieper (S. 22, 24, 26, 64, 78, 80, 88, 90, 92, 94, 96, 100, 102, 104, 136), Renée Püthe-Siegert (S. 14, 18, 108), Peter Rieprich (S. 20, 52, 54, 114, 126, 128, 130), Eva Maria Schlosser (S. 106), Elmar Schulte (S. 16, 68, 76, 82), Malte Siegert (S. 132).

Art Direction: Peter Feierabend

Design und Bildredaktion: Christian Schaarschmidt, Judith Jughenn

Lektorat und Korrektorat: Petra Biedermann

Covergestaltung: Wessinger und Peng

Abbildungen: dpa Picture Alliance

S. 112 Joseph Beuys: „Unschlitt/Tallow" © VG Bild-Kunst, Bonn 2013

S. 113 Neo Rauch: „Die Abwägung" © courtesy Galerie EIGEN + ART, Leipzig/Berlin/VG Bild-Kunst, Bonn 2013

Fotolia: S. 2-3 © andersphoto, S. 144 © Lucky Dragon; Hintergründe: S. 22-23 © chungking, S. 24-25 © archideaphoto, S. 64-65 © matusciac, S. 76-77 © vovan, S. 90-91 © KB3, S. 116-117 © RCphoto, S. 118-119 © Henry Czauderna, S. 134-135 © ivonne leuchs

Alben- und Magazin-Cover: Archiv Christian Schaarschmidt

Printed in Germany

1. Auflage 2014

© DuMont Reiseverlag GmbH & Co. KG, Marco-Polo-Straße 1, 73760 Ostfildern

www.dumontreise.de

978-3-7701-8942-7